글쓰기의 오류 분석

글쓰기의 오류 분석

김상태 저

머리말

글쓰기는 다른 사람에게 글을 쓰는 이의 생각을 조리 있게 전달한다는 점에서 의사소통의 핵심적인 도구라 할 수 있다. 일상생활에서 말하기 능력이 중요한 것 못지않게, 다른 사람과의 원활한 의사소통을 위해서 글쓰기 능력을 키우는 것은 현대인들에게 필수적이다.

글은 우리가 복잡하게 전개되는 세계를 인식하는 행위이면서, 자기의 전부를 드러내는 행위라 할 수 있기 때문에 글을 쓰는 과정에서 더욱더 세심한 배려가 요구된다. 글을 쓰는 기본 절차는 주제를 설정하고, 설정된 주제에 대하여 글을 쓰는 사람의 의견이나 태도를 완전한 문장 하나로 나타낸 주제문을 완성한다. 그리고 주제를 위한 제재를 모으고, 주제를 펼칠 뼈대로서의 개요를 작성하고, 그 개요를 바탕으로 논리적으로 서술하고 전개한 내용을 다듬는 것이다. 또한, 문장은 문법적으로 정확하고, 의미적으로 어색함이 없이 명백한 뜻이 전달될 수 있도록 구성되어야 한다. 그리고 어문 규범에 맞는 정확한 어휘를 사용해야 한다. 글쓰기에 있어 올바른 규범과 의미를 바르게 인식함으로써 보다 정확하고 신속하게 우리의 생각을 표현할 수 있지 않을까 생각한다.

이 책은 학생들의 글쓰기 과정에서 나타나는 오류의 유형들을 층위별로 정리하고, 그것들의 원인들을 설명하였다. 이 책은 총 3부로 되어 있다. 제1부는 글의 주제를 각 요소들이 체계적으로 뒷받침하고 있는지를 확인하는 측면에서 거시적인 관점으로 오류를 분석하였다. 이 부분은 청주대학교 <대학인의 글쓰기> 시간에 화제를 '사회'로 하여 쓴 글을 '주제, 주제문, 개요, 단락'의 오류를 분석한 것이다. 제2부는 글을 이루는 요소들이 정확하게 표현되었는가를 점검한다는 측면에서 미시적인 관점으로 오류를 정리하였다. 이 부분은 학생들이 과제로 쓴 <청주대학교 박물관 답사기>를 통하여 문장, 어휘, 띄어쓰기의 오류를 분석한 것이다. 제3부는 판결문이 가지는 논술 텍스트의 특성을 기초로 주어진 조건에 맞춰 텍스트 변환을 하였다. 이러한 텍스트 변환과정을 통하여 전체 텍스트를 구성하는 요소들이 어떻게 상호 작용하며 유기적인 관련을 맺고 있는가를 밝힘으로써, 국어 교육에서 글쓰기지도를 효과적으로 전개하기 위한 한 과정을 제시한 것이다.

이 책은 그동안 대학의 글쓰기 관련 과목을 담당하면서 여러 학술지에 발표한 글들을 수정·보완하여 한 권으로 묶은 것이다. 이 책이 글쓰기를 지도하는 선생님들에게 학생들의 작품에서 발견되는 오류들에 대하여 쉽게 설명할 수 있고, 또한 학생 스스로 오류를 발견하고 조금 더 나은 글을 쓰기 위한 자료로 쓰였으면 하는 바람이다.

끝으로, 어려운 여건에 이 책의 출판을 허락해 주신 학고방 하운근 사장님께 감사의 말씀을 드린다.

우암산에서

필자 씀

차 례

머리말•5

제1부 ▌ 거시적 오류 분석

제1장 주제, 주제문, 개요…15
Ⅰ. 서론 • 15
Ⅱ. 주제와 주제문 • 17
Ⅲ. 개요의 오류 분석 • 25
Ⅳ. 결론 • 36

제2장 단락…39
Ⅰ. 서론 • 39
Ⅱ. 단락의 개념과 구조 • 41
Ⅲ. 오류 분석 • 44
Ⅳ. 결론 • 58

제2부 ▍미시적 오류 분석

제1장 문장…63

    Ⅰ. 서론 • 63

    Ⅱ. 문법적 오류 • 65

    Ⅲ. 의미적 오류 • 74

    Ⅳ. 문장부호의 오류 • 84

    Ⅴ. 결론 • 87

제2장 어휘…89

    Ⅰ. 서론 • 89

    Ⅱ. 준말 • 90

    Ⅲ. 어형의 오류 • 96

    Ⅳ. 결론 • 111

제3장 띄어쓰기…115

    Ⅰ. 서론 • 115

    Ⅱ. 띄어쓰기를 한 문법 요소 • 117

    Ⅲ. 붙여 쓰기를 한 문법 요소 • 126

    Ⅳ. 결론 • 141

제3부 ▮ 텍스트 변환을 통한 글쓰기 지도의 실제 - 판결문

Ⅰ. 서론 • 147
Ⅱ. 어휘·문장의 변환 • 148
Ⅲ. 논술 텍스트로의 변환 • 158
Ⅲ. 결론 • 170

참고문헌•175

찾아보기•179

제1부
거시적 오류분석

제1장 주제, 주제문, 개요

제2장 단락

제1장

주제, 주제문, 개요

I. 서론

논술 텍스트는 인간의 지성에 호소하는 글이므로 주제가 명확해야 하며, 쉽고 명쾌하게 표현되어야 하고, 사실과 의견이 구분되어야 한다. 어떤 문제를 제기하거나 해결할 목적으로 자신의 의견, 주장 따위를 논리적으로 밝히는 것이다. 여기서 '말이나 글'은 논술의 수단이며, '자신의 의견'(단정이나 주장)은 논술의 대상이고, '그 타당성을 논리적으로 증명하는 것'은 논술의 과정이며, '청자나 독자가 그 의견을 믿게 하는 것'이 논술 텍스트의 목적이다.

이러한 관점에서 본다면 논술 텍스트는 "필자가 자신과 견해를 달리하는 보이지 않는 독자를 상정하여 자신의 신념이나 의견을 받아들이도록

독자를 설득시키기 위한 글의 양식"으로 볼 수 있을 것이다.(원진숙, 1995a:96)

논술 텍스트의 기본 절차는 주제를 설정하고, 설정된 주제에 대하여 글을 쓰는 사람의 의견이나 태도를 완전한 문장 하나로 나타낸 주제문을 완성한다. 그리고 주제를 위한 제재를 모으고, 주제를 펼칠 뼈대로서의 개요를 작성하고, 그 개요를 바탕으로 논리적으로 서술하고, 전개한 내용을 다듬는 것이다.

위와 같은 논술의 절차는 단계별로 동떨어진 것이 아니라 상위 단계부터 하위 단계까지 서로 유기적인 관계를 맺고 있다. 글을 쓰기 전의 단계가 바르게 설정되지 않는다면 전체적인 글의 구조는 체계성을 갖추지 않은 글이 될 것이다. 논술은 체계적 구성을 갖추고 그것을 논리적으로 풀어내므로 글을 쓰기 전, 전체적으로 어떻게 전개할 것인지 설계를 하는 것은 매우 중요하다. 이것은 보다 성공적인 형태의 논술로 나아가게 하는 방법이다. 머릿속으로만 구상하여 즉흥적으로 전개하는 것보다 조직적으로 글의 뼈대를 구상하는 것은 체계와 논리를 중요시하는 논술에 도움이 된다.

본 논문은 위와 같은 논술 텍스트의 특성을 바탕으로 학생들이 쓴 논술 텍스트를 통해 주제, 주제문, 개요의 오류를 분석해 보았다. 이러한 분석을 통하여 학생들의 논술 텍스트에 대한 문제점을 인식하고, 이에 대한 개선 노력을 고취하고자 하는데 목적을 두고자 한다.

Ⅱ. 주제와 주제문

1. 특성

(1) 주제

 논술에서 주제는 한 편의 글을 통해서 필자가 궁극적으로 나타내고자 하는 핵심적인 내용이다. 간단하게, 글을 쓰는 방향이라고 생각하면 된다. 그래서 논술의 주제는 아무렇게나 설정할 수 없으며, 일정하게 갖추어야 할 요건이 있다. 그 요건은 단일성, 논리성, 참신성인데 이것을 준수하지 않으면 논술의 전개에 무리가 생긴다.

 논술의 주제는 단일해야 논지가 선명하게 펼쳐진다. 논술은 일관된 사고를 필요로 한다. 주제는 논의하려는 방향이라서, 하나의 주제로 접근해야 탄력성이 붙는다. 이런 방향으로도 접근하고 저런 방향으로도 접근하는 혼잡한 구성은 논술의 목적을 무시하는 것이다. 일관성 있는 방향으로 논의하겠다고 정해야 진술도 분명해진다.

 논술의 주제는 참신해야 자신의 견해가 돋보인다. 논술은 독창적인 사고를 필요로 한다. 단순하고 평범한 문제도 깊이 있게 분석하고 그 해결을 위해 독창적인 발상을 하다 보면, 다른 견해들과는 독특한 견해를 창출하게 된다. 한 논제에 대해 대부분의 논의가 비슷한 경우가 많은데, 이것은 주제의 참신성을 고려하지 않아서 그렇다.

주제는 논의의 중심이므로, 구체적이고 제한된 범위로 한정되는 것은 당연하다. 범위를 포괄적으로 설정하거나 벗어나면 좋은 논술이 아니다. 논의를 구체적으로 전개시키지 못하여 상식적이고 뻔한 내용을 되풀이하게 되기 때문이다.

따라서, 주제는 범위를 한정하고, 구체적으로 표현, 핵심 내용을 응축할 수 있는 어구, 가급적 단일 개념, 새롭고 독창적인 것을 선택해야 한다.

(2) 주제문

주제문은 주제를 문장화한 것이다. 즉, 주제문은 글 전체 내용과 관련하여 주제를 하나의 문장으로 표현한 것이다. 한 편의 글에서 봤을 때는 주제문이 결론적인 내용과 일치한다. 주제문은 필자의 논지를 처음부터 끝까지 일관되게 전달하는 구심점의 역할을 한다. 그래서, 주제문을 작성해 놓고 글을 쓰면 일관성 있고 명확한 글이 될 수 있다.

주제문은 주제를 문장으로만 나타내면 되는 것이 아니라, 일반적으로 확정하는 과정이 있다. 첫째, 무엇에 대해 쓸 것인지 글의 대상과 중심 내용을 정한다. 둘째, 어떤 영역과 차원에 초점을 맞추어 해명할 것인지 정한다. 셋째, 중심 내용을 어떻게 해야 하는지 특성과 본질을 파악한다. 이런 과정을 통해서 중심 내용에 맞는 주제문을 확정한다.

일반적으로 논술 텍스트의 주제문은 단언적 화행과 지시적 화행이 주를 이룬다. 언표내적 행위를 크게 단언적 화행(representatives), 지시적 화행

(directives), 위임적 화행(commisives), 표현적 화행(expressives), 선언적 화행(declaratives)의 5가지 유형[1]으로 분류한다.

한편, 단언적 화행은 진술(statement), 주장(assertion), 보고된 주장(reported assertion) 등의 범주로 하위 구분된다. 이때 필자가 사실이라고 믿고 그 표현된 명제가 독자에게도 당연한 것으로 받아들여지리라고 믿는 것이 진술이라면, 주장은 필자는 사실이라고 믿지만 독자에게는 당연한 것으로 여겨지지 않는 것을 말한다. 또 보고된 주장이란 필자가 누군가의 주장을 기록, 인용함으로써 자신의 강한 표현을 회피할 수 있게 하는 것이다.

일반적으로 설명적, 기술적, 서사적 텍스트 등의 유형들이 주로 진술이라는 언표내적 행위에 의존하는 데 비하여 논술 텍스트는 주장하고(assertives), 지시하는(directives) 언표내적 행위에 의존하는 장르적 특성을 강하게 나타낸다. 독자와의 합의가 이루어지지 않은 상태인 문제 부분에서는 필자는 사실이라고 믿지만, 독자에게는 아직 당연한 것으로 여겨지지 않는 주장(assertives)이 주된 언표내적 행위로 기능한다. 이때 필자는 보

---

[1] 이 각각의 유형별 특성을 살펴보면 대략 다음과 같다. 단언적 화행이란 표현된 명제의 참·거짓 여부를 화자가 책임지는 것을 말한다. 또한 지시적 화행은 청자가 어떤 일을 하도록 만들려는 화자의 시도이며, 위임적 화행은 화자가 미래의 어떤 행동의 수행을 책임지게 하는 화행을 말한다. 아울러 표현적 화행은 화자의 심리적 태도를 표현·전달하는 화행을 의미하며, 선언적 화행이란 표현된 내용을 통해 어떤 상태를 야기시키는 것으로 정의·명명적 기능 등이 이에 해당한다.(원진숙, 1995a:101)

통 주장을 합리화하기 위해 진술 등의 언표내적 행위를 수반하기도 한다. 필자는 이러한 주장과 합리화에 기초한 논증 과정을 거쳐 바람직한 목표 상태를 지향하는 '해결' 국면으로 나아가는데, 대체로 이 상태에서는 독자의 변화를 촉구하는 권고나 제안 등의 지시적 화행(directives)이 주류를 이루게 된다.

따라서, 논술 텍스트의 주제문은 완결된 하나의 문장 형태여야 하고, 자신의 의견이 분명하게 들어 있어야 하며, 표현이 구체적이고 논리적인 근거에 의해 입증될 수 있는 단언적 화행과 지시적 화행이 주를 이룬다.

2. 오류 분석

주제를 설정하는 것은 논의할 방향을 정하는 것이다. 즉, 논술 텍스트를 완성하기 위한 준비 과정으로 아주 중요하다. 주제를 펼치면 주제문이 되고, 주제문을 펼치면 체계가 되고, 체계를 서술로 전개하면 한 편의 글이 된다.

주제문은 한 편의 글에서 핵심 내용이다 보니, 구성상으로 결론의 내용과 일치한다. 글의 구성상, 결론 부분은 주제를 확인하고 제안사항을 보여주는 부분이다. 그래서 본론을 요약 정리하고, 새로운 과제가 있으면 제시하거나 앞으로의 전망을 밝히는 부분이다.

(1) 형식

(1)
주제 : 현대 사회의 결혼과 낭만적 사랑
주제문 : 낭만적 사랑은 현대 사회의 결혼에 많은 영향을 끼친다.
(2)
주제 : 글로벌 기업과 윤리 경영
주제문 : 21세기 윤리 경영의 중요성을 알고, 기업 윤리 개선을 위한 방안을 마련하자.

위의 (1)과 (2)는 주제가 복합 개념으로 선정된 오류이다. 주제는 화제에서 한정된 범위의 문제를 좀더 구체화하는 것으로 단일 개념이 쓰여야 한다. (1)에서는 '현대 사회의 결혼'과 '낭만적 사랑'이 (2)에서는 '글로벌 기업'과 '윤리 경영'이 쓰였다. 주제를 설정할 때는 한정된 단일 개념으로 설정해야 한다.

(3)
주제 : 청소년 범죄의 실태와 대책
주제문 : 청소년 범죄에 대해 알아보고, 그에 대한 대책에 대해 알아보자.

(3)의 주제는 너무 상세한 주제이다. 일반적으로 주제는 주어진 화제에 대하여 한정된 범위만 설정할 뿐 글 전체의 방향을 구체적이고 분명하게

지시하는 기능은 주제문에서 작성을 한다. 따라서 (3)의 주제는 '청소년 범죄'로 작성을 해야 한다.

(4)
주제 : 인구의 도시집중
주제문 : 인구의 도시집중에 따른 문제점과 해결 방안

(4)의 주제문에서는 서술어가 없다. 주제문은 주어와 서술어를 갖춘 완전한 문장을 요구한다. (4)에서는 완결된 하나의 완전한 문장을 이루기 위해서는 서술어가 필요하다.

(5)
주제 : 양심적 병역 거부
주제문 : 양심적 병역 거부를 찬성해야 되는가?

(5)의 주제문은 현재 사회에서 뜨거운 논쟁이 되었던 '양심적 병역 거부'에 관한 것이다. 그러나 이것은 주제에 대한 양쪽의 주장에 대한 쟁점을 표현하고 있을 뿐 글을 쓰는 사람의 관점이나 의견이 명확하게 드러나 있지 않다. 하나의 문장이기는 하지만 완결된 생각을 진술하는 문장이 아니고 확신할 수 없는 의견이나 관점을 드러내기 때문에 의문문은 주제문이 될 수 없다.

(2) 내용

1) 구체성의 결여

(6)
주제 : 관광사회 속 특권층
주제문 : 관광사회 속 특권층 우대를 해소할 수 있는 방안을 찾아야 한다.

(7)
주제 : 아이를 낳지 않는 한국사회
주제문 : 출산율 저하문제의 원인분석과 해결방안을 찾아야 한다.

(8)
주제 : 인구의 도시 집중
주제문 : 인구의 도시 집중의 원인과 문제점 그리고 해결방안을 제시한다.

글의 주제문은 글의 구성상 결론 부분에 들어갈 내용과 일치한다. 따라서 필자의 논지를 처음부터 끝까지 일관되게 전달할 수 있는 역할을 해준다. 그러나 (6), (7), (8)의 주제문은 글의 서론에서 쓰일 수 있는 내용들로 글을 쓰게 된 배경이나 의도를 나타냄으로써 독자들이 글을 읽도록 유도하는 내용들로 되어 있다. 따라서 위 예문들의 주제문을 본론에서 쓰일 내용을 요약 정리하고 앞으로의 전망에 대한 내용들로 주제문을 작성했다면 글의 나아갈 방향이 훨씬 명백해질 것이다.

2) 객관성의 결여

(9)
주제 : 사이버범죄
주제문 : 정보화 사회에서 사이버범죄는 <u>심각한 문제를 초래하고 있다.</u>
(10)
주제 : 매스컴의 기능
주제문 : 매스컴은 현대 사회에서 <u>많은 영향을 끼친다.</u>

위의 (9), (10)의 주제문은 필자의 개인적인 체험이나 주관적이고 감정적인 판단을 근거로 작성되어 있다. (9)에서는 좀더 확실한 근거에 의해서 증명될 수 있는 '바이러스, 해킹, 스팸메일, 저작권, 악성 댓글' 등과 같은 독자가 공감할 수 있는 사이버 범죄로 인한 구체적인 문제점을 언급해야 된다. (10)에서는 매스컴이 현대 사회에 끼치는 영향에 대하여 순기능인지 역기능인지 아니면 이 모든 것을 포함하는 것인지 너무 포괄적이고 주관적인 표현이 쓰이고 있다.

3) 논리성의 결여

(11)
주제 : 산업사회
주제문 : 자본주의 시대로 인하여 인간소외현상, 황금만능주의, 인
        간적 가치 상실 등의 문제를 낳고 있다.

위 (11)의 주제와 주제문은 통일성과 연결성이 없어 긴밀성을 유지하지 못하고 있다. 주제는 '산업사회'를 언급하고, 주제문은 '자본주의 시대'를 언급하고 있다. 산업사회는 '공업화의 진전에 의하여 사회 구조 전체가 그 산업 양식·시스템에 의하여 규정되어 편성되어 있는 사회'이다. 자본주의는 '생산 수단을 가진 자본가 및 기업가 계급이 그 이익 추구를 위해 생산 활동을 하도록 보장하는 사회 경제 체제'를 말한다. 그러나 위의 내용은 '산업사회'와 '자본주의'를 혼동하고 있다. 주제문에 나타난 '황금만능주의'는 자본주의 사회의 한 특성으로, 이로 인해 '인간소외현상'이 나타나 인간의 가치가 상실되는 현상이 나타나는 것으로 볼 수 있다. 즉, 위의 주제와 주제문은 논리적으로 연결성이 떨어지는 오류를 보이고 있다.

Ⅲ. 개요의 오류 분석

1. 개요의 특성

개요는 건축할 때에 튼튼한 축조를 위해 설계도가 필요한 것처럼, 글을 쓸 때에 탄탄한 완성도를 위해 꼭 필요한 구성적인 틀이다. 개요는 준비된 쓸거리를 글의 주제와 목적에 맞게 짜는 계획서와 같은 역할을 하는 것이다. 그래서 개요를 짠다고 표현하며, 글을 쓰기 전에 쓸거리를 항목별로 열거하는 방식으로 전체 줄거리를 잡는다.

개요를 작성하여 그것을 바탕으로 글을 쓰면, 글이 논리적, 체계적, 균형적인 형태로 된다. 이러한 점이 논술에서는 결정적인 역할을 한다. 개요를 작성하면 중요한 부분과 덜 중요한 부분이 확실해져서, 논술의 체계를 논리적인 방향으로 조정할 수 있다. 그렇게 되면, 전개도 조리 있어지고, 글의 분량도 균형 있게 조절되는 효과가 증대된다.

논술 텍스트는 "필자가 자신과 견해를 달리하는 보이지 않는 독자를 상정하여 자신의 신념이나 의견을 받아들이도록 독자를 설득시키기 위한 글의 양식"으로 볼 수 있을 것이다. 이러한 정의에 의하면 논술 텍스트의 초기 상태는 텍스트 생산자와 다른 의견을 지닌 독자와의 대립적 구도를 특징적으로 하는 문제 국면이라고 볼 수 있다. 텍스트 생산자는 자기와 다른 견해를 가지고 있는 독자를 설득시켜 자기의 의견에 동조하게 만드는 것을 목표(goal)로 삼아 현재의 바람직하지 못한 상태를 진술하고, 이러한 문제를 극복할 수 있는 바람직한 방향을 주장하고, 그 주장을 정당화하는 일련의 과정을 거쳐 자신이 의도하는 바람직한 방향인 목표 상태로 나아가는 경로를 모색하게 된다.

이러한 문제-해결 분석 방법은 논술 텍스트의 전체적인 초구조(superstructure)를 기술하기 위한 것이다. 이 방법은 전체 텍스트의 구조를 문제상황(situation), 문제(problem), 해결(solution), 평가(evaluation) 등의 구조적 단위들로 구성된 소텍스트들이 서로 상호작용하면서 관계를 맺는 연속체로서 기술할 수 있게 된다.

말을 바꾸면, 일방적인 독백 형식으로 된 텍스트가 '배경적 상황은 어떠한가?(What is the situation?)', '무엇이 문제인가?(What is the problem?)', '해결 방안에 대한 당신의 평가는 어떠한가?(What is your evaluation of the solution)'와 같은 가상의 독자에 의해 던져지는 내재적인 질문들에 대한 응답구조로 이루어져 있음을 주장한다.

이러한 논의는 결국 논술 텍스트가 기본적으로 '문제' 요소에 대한 배경적 정보를 제시하기 위해서 사실 및 이에 대한 상세한 내용 등을 진술하는 '상황' 요소, 이러한 '상황' 요소에 대하여 부정적 평가를 내림으로써 새로운 문제를 제기하고 주장하는 '문제' 요소, 문제에 대하여 증거를 제시하거나 합리적인 정당화를 통하여 해결 방안을 제시하는 '해결' 요소, 해결 방안에 대한 '평가' 요소들로 이루어진 '문제-해결 구조'로 이해되어야 함을 시사해 준다.(원진숙, 1995a:98-99)

따라서 논술 텍스트는 이러한 여러 개의 소텍스트들의 부분들로 이루어져 있는 계층적 구조로 볼 수 있으며, 이 각각의 부분들은 마지막으로 해결 방안을 찾기 위해 유기적으로 상호작용을 한다.

따라서, 논술 텍스트의 개요는 위의 문제-해결의 과정으로 보고, 상황, 문제, 해결, 평가의 요소가 구체적으로 개요에 포함되어야 할 것이다.

즉, 구성상으로 서론은 글을 쓴 의도를 밝히고 문제의 상황을 설명하면 된다. 본론은 앞의 상황에 대한 부정적 평가를 통하여 문제를 제기한다. 또한 필자의 주장을 펼치는 부분이다. 본론에서는 사실을 제시하고 자신의 견해를 진술하며 그것을 입증할 논거도 제시하고 해결 방안을 구체화한다. 결론은 주제를 확인하고 제안 사항을 보여주는 부분이다. 그래서 본론을 요약 정리하고, 해결책에 대한 평가와 앞으로 새로운 과제와 전망을 제시한다.

2. 오류 분석

(1) 형식

개요를 작성할 때는 형식적인 기준을 따라야 한다. 일반적인 개요의 형식은 계층적으로 작성, 개요 번호는 일관성 있게 달아야 한다. 또한 여러 개요의 형식을 섞어 쓰지 않아야 한다.

(12)
Ⅰ. 서론
Ⅱ. 출산율 저하현상의 원인
  A. 사람들의 가치관 변화
  B. 열악한 정부의 보육지원과 사회 인식 변화의 미비
  C. 한국 경제 사정의 약화
Ⅲ. 출산율 저하 현상을 막기 위한 해결 방안
  <u>A. 출산장려를 위한 충분한 사회적 인프라 구축과 남녀간의 균형적인 책임의식</u>
Ⅳ. 결론

(12)의 Ⅲ장에서 항목이 하나밖에 설정되지 않았다. 형식적으로 하나의 항목만 설정된 개요는 없다. 두 개 이상의 항목을 설정하든지 아니면 없애 주어야 한다.

(13)
Ⅰ. 관광사회 속 특권층
 1. <u>특권층이란?</u>
 2. 관광사회의 진정한 의미의 변질
Ⅱ. 관광산업 속 특권층 우대
 1. 호텔, 레스토랑
 2. 바다 이야기
Ⅲ 관광사회 속 특권층 우대 해소 방안

(13)의 Ⅰ장 1절의 '특권층이란'에서 '-이란'은 받침 있는 체언 뒤에 붙어 어떤 대상을 특별히 집어서 강조할 때에 쓰는 보조사이며 의문문의 형태를 취하고 있다. 개요의 종류로는 화제, 문장, 단락, 열거 개요가 있으나 섞어 쓰지 않아야 한다.

(14)
1. 인구의 도시 집중의 <u>원인</u>
 (1) 경제적 <u>원인</u>
 (2) 사회문화적 <u>원인</u>
2. 인구의 도시 집중의 <u>문제점</u>
 (1) <u>주택문제</u>
 (2) <u>교통문제</u>

(3) 환경문제
    3. 인구의 도시집중의 문제점에 따른 <u>해결 방안</u>
       (1) 주택문제 <u>해결방안</u>
       (2) 교통문제 <u>해결방안</u>
       (3) 환경문제 <u>해결방안</u>

  (14)에서는 그리고 상위 항목과 하위 항목이 겹치는 부분이 많이 보이고 있다. 상위 항목과 하위 항목이 겹치는 부분은 생략이 가능하다. 1장의 하위항목은 '(1) 경제, (2) 사회문화'로 설정을 해도 충분할 것이고, 2장과 3장의 하위 항목 중 주택과 교통은 사회환경에 속하고, 환경은 자연환경의 의미로 쓰였으므로 '(1) 사회, (2) 자연'으로 설정을 하고, 필요하다면 하위 항목을 추가할 수 있다.

   (15)
     Ⅰ. 수도권 인구의 특징
     Ⅱ. 인구밀집에 따른 문제점
       1. 도시의 토지, 주택 문제
       2. 도시의 교통 문제
       3. 도시환경의 질 악화
     Ⅲ. 여러 가지 문제점의 개선책

  (15)의 예는 Ⅱ장에 문제점을 3항목으로 기술했다면 그에 대한 Ⅲ장의 해결책 또한 3항목으로 제시되어야 균형감을 맞출 수 있다. 또한 Ⅱ장에서는 상위 항목과 하위 항목이 겹치는 부분은 생략이 가능하다. Ⅱ장의 제

목이 인구밀집에 따른 문제점으로 설정하고 있으므로 하위 항목에서는 '문제'라는 단어를 쓸 필요가 없다. 하위 항목으로 '1. 토지·주택, 2. 교통, 3. 자연환경'으로 써도 충분하다. 그러나 (15)의 예도 앞의 14)에서 보여주는 것처럼 '환경'에 대한 정확한 이해를 하지 못하고 있다. 따라서 Ⅱ장과 Ⅲ장의 하위 항목을 '1. 사회, 2. 자연'으로 설정한다면 좀더 균형감 있는 개요가 된다.

(16)
Ⅰ. 윤리 경영의 의의
Ⅱ. 윤리 경영의 대두 배경
Ⅲ. 윤리 경영의 중요성
Ⅳ. 국내 기업 윤리 경영의 실태와 문제점
Ⅴ. 기업 윤리 개선을 위한 방안
Ⅵ. 21세기의 윤리 경영

(16)의 개요는 6개의 항목을 설정하고 있다. 위의 개요에서 제일 문제시되고 있는 비율 부분이다. 글의 개요를 보았을 때 Ⅰ-Ⅲ은 서론, Ⅳ, Ⅴ은 본론, Ⅵ은 결론 부분이다. 위의 개요는 비율상 서론의 항목이 너무 많다. 글의 전체 분량에 있어 서론이 차지할 부분은 1/3 또는 1/4 부분인데, 너무 구체적인 항목으로 나열하여 균형성이 결여되어 있다. 일반적으로 개요를 작성할 때는 몇 가지 기준을 따른다. 주로 항목의 세분화는 본론 부분을 설계하는 데에 관여한다. 우선, 대항목을 정해서 주제를 펼칠 내용을 크게

2가지 이상의 중요 논점으로 나눈다. 그리고 그 대항목을 더 구체적인 2가지 이상의 종속 논점으로 나누어 소항목으로 만든다. 이때 일관성을 유지하도록 각각의 항목들을 부호나 숫자로 표시한다.

논술은 체계적인 짜임새를 기본으로 하므로, 논술의 평가 대상에 그 개요가 반드시 들어간다. 글 전체의 양에 비해 서론이 너무 장황하거나 본론이 체계적이지 못하거나 결론이 너무 빈약하거나 하는 경우는 올바른 개요가 아니다.

(17)
Ⅰ. 양심적 병역 거부의 정의와 현실
  A. 양심적 병역 거부의 정의
  B. 양심적 병역 거부의 현실
Ⅱ. 양심적 병역 거부의 찬성론자, 반대론자 입장
  A. 양심적 병역거부의 찬성론자 입장
  B. 양심적 병역거부의 반대론자 입장
Ⅲ. 결론

(17)의 개요는 논술의 개요보다는 어떤 문제에 대하여 여러 사람이 각각 의견을 말하며 논의하는 토론의 개요이다. 토론은 논제에 대하여 양측의 주장을 논박하고, 마지막으로 진행자가 논제를 정리하는 형식이다. 일반적으로 논증, 논술, 토론은 많은 학생들이 혼동하고 있는 용어이다. 논증은 옳고 그름을 이유를 들어 밝히거나 또는 그 근거나 이유이다. 논술은 어떤 것에 관하여 의견을 논리적으로 서술하는 것으로 혼동되어서는 안 된다.

(18)
 Ⅰ. 현대사회에서 매스컴의 위치
 Ⅱ. 매스컴의 기능
   1. 환경감지 기능
   2. 상관조정 기능
   3. 사회유산 전수 기능
   4. 오락제공 기능
 Ⅲ. 매스컴의 전망과 우리의 자세

(18)의 개요는 독자들이 매스컴의 기능에 대해 이해할 수 있도록 객관적이고 논리적으로 서술한 설명문의 개요이다. 논술문이 가지고 있어야 할 문제의식과 해결책이 나와 있지 않고, 매스컴의 기능에 대하여 나열식으로 구성된 개요로 볼 수 있다.

(2) 내용

글의 서론은 글의 도입 부분으로 글을 쓰게 된 배경이나 의도를 나타낸다. 이 부분은 독자들이 글을 읽도록 유도하는 기능도 가지고 있으므로 독자의 관심을 유발할 수 있는 것들을 쓰게 된다.

글의 본론은 서론에서 제기된 문제를 하나하나 풀어나가는 부분에 해당한다. 서론에서 얻어낸 독자들의 관심을 유지하면서 이야기를 이끌어 나가야 한다. 본론 부분은 서론이나 결론에 비해 그 내용이 많으므로 서너 개의 하위류로 나뉘는 것이 보통이다. 이 부분에서는 문제에 대한 문제제기와 해결책이 제시된다.

글의 결론은 본론에서 다루었던 내용을 종합하여 제시한 다음 앞으로의 전망이나 남은 문제를 언급하면서 마무리하는 부분에 해당한다.

문제-해결 과정의 측면에서 본다면 서론은 문제가 되는 상황이 제시되고, 본론은 문제 상황에 대한 부정적 평가를 통한 문제 제기와 해결책이 제시된다. 그리고 결론 부분은 해결책에 대한 긍정적 평가와 앞으로의 전망으로 구성된다.

(19)
Ⅰ. 청소년 범죄의 개념
  A. 청소년 범죄의 의의
  B. 청소년 범죄의 문제점
Ⅱ. 청소년 범죄의 실태 분석
  A. 청소년 범죄의 현황
  B. 청소년 범죄의 사례
Ⅲ. 청소년 범죄의 원인
  A. 가정으로부터 오는 원인
  B. 학교로부터 오는 원인
Ⅳ. 청소년 범죄의 대책
  A. 가정에서의 대책
  B. 학교에서의 대책

(19)의 가장 큰 특성은 학생들이 많이 범하는 오류로 결론 부분이 생략되어 있다. Ⅰ장은 글의 서론으로서 대상에 대한 정의를 내리면서 글을 시작하는 방법이다. Ⅱ장은 청소년 범죄에 대한 상황이며, Ⅲ장은 청소년

범죄의 문제이고, Ⅳ장은 청소년 범죄에 대한 해결책이다. Ⅰ장에서 청소년 범죄의 문제점을 언급하고 있지만 이 부분은 청소년 범죄의 상황 다음 문제 부분에서 언급되어야 할 내용이다. 전체적으로 본다면 Ⅰ장과 Ⅱ장은 글의 서론이고 Ⅲ장과 Ⅳ장은 글의 본론 부분이다. 따라서 위 개요에는 본론에서 제시했던 해결책에 대한 긍정적인 평가와 앞으로의 전망을 제시하는 결론 부분이 생략되어 있다.

논술에서의 결론은 본론의 내용을 요약만 하는 부분은 아니다. 본론을 정리하는 것은 필수이고, 과제나 전망도 제시해야 좋은 논술로 가는 지름길이다. 결론은 주장이 집약되어 있는 부분이므로, 과제나 전망을 밝히는 것도 주장을 잘 마무리하는 기술이다. 그런 점을 감안하여 개요의 결론에 과제나 전망을 넣으면, 서술할 때에 도움이 된다.

(20)
　Ⅰ. 인터넷과 인간관계의 상관 관계
　Ⅱ. 인터넷이 인간관계에 주는 해로움
　Ⅲ. 인터넷이 인간관계에 주는 이로움
　Ⅳ. 인터넷이 인간관계에 주는 해로움을 완화하기 위한 방안

(20) 개요도 많은 학생들이 보여주는 오류로 어떤 대상에 대한 장점과 단점만을 제시하고 단점을 해결하기 위한 해결책을 제시하고 있다. 글의 전체적인 흐름을 보면 인터넷이 현대인의 인간관계에 많은 영향을 주고 있는 사실을 단지 장점과 단점의 항목으로 나열하고 있다는 인상을 주고

있다. 이러한 개요는 항목들 사이의 논리적인 연결성이 결여되어 긴밀성을 보여주지 못하고 있다.

논술 텍스트의 구조를 상황, 문제, 해결, 평가로 보았을 때 이 개요는 좀 더 수정을 요하고 있다. 이 글의 전체 흐름을 현재 인터넷이 현대인들의 인간 관계에 미치고 있는 상황을 이야기해 주고, 부정적인 면을 언급해 주면서, 이 부정적인 면을 해결하기 위한 방안을 제시하고, 해결책에 대한 평가로 구성이 되어야만 논리적으로 연결되어 긴밀성을 높일 수 있을 것이다. 단지 이로움과 해로움을 독자들이 이해할 수 있도록 객관적으로 서술한 설명문의 개요인 듯한 인상을 준다.

Ⅳ. 결론

지금까지 본 논문은 학생들의 논술 텍스트를 교정하면서 글을 쓰기 전 글의 절차에서 주제, 주제문, 개요의 오류 현상을 분석해 보았다.

이러한 분석 과정을 통해 본 학생들의 오류 특성은 다음과 같이 나타났다.

첫째, 주제는 범위를 한정하고, 구체적으로 표현, 핵심 내용을 응축할 수 있는 어구로 가급적 단일개념으로 설정해야 되는데, 복합개념으로 설정한 오류를 볼 수 있었다.

둘째, 주제문은 관점이나 의견을 명확히 표현한 주어와 서술어가 갖추어진 하나의 완결된 문장으로 서술하지 않고, 구 또는 의문문으로 표현된 오류를 발견할 수 있었다.

셋째, 주제문의 내용적인 측면에서는 구체적, 객관적, 논리적인 표현보다는 추상적, 주관적, 비논리적으로 표현한 오류를 보였다.

넷째, 개요의 형식적인 오류로 하나의 항목만 설정된 개요, 문장식과 화제식이 혼용된 개요, 상위 항목과 하위 항목이 겹치는 오류, 서론·본론·결론의 비율상의 오류, 토론의 형식을 띤 오류, 설명문의 형식을 띤 오류를 볼 수 있었다.

다섯째, 개요의 내용적인 오류로 논술은 문제-해결의 과정으로 보았을 때, 결론 부분에 해당하는 '평가' 항목에 해당하는 요소들이 없었고, 논리적으로 연결성이 떨어져 긴밀성을 보여주지 못하는 오류들이 많이 발견되었다.

현재 우리는 정보화 사회를 살아가고 있다. 정보화 사회에서는 정보 전달 매체가 급속도로 발전하면서 다양화되고 있는데, 이런 시대일수록 자신의 생각을 말이나 글로써 정확하고 효과적으로 표현하는 능력은 필수적이다. 특히, 글은 우리가 복잡하게 전개되는 세계를 인식하는 행위이면서, 자기의 전부를 드러내는 행위라 할 수 있기 때문에 더욱더 세심한 배려가 요구된다.

이러한 글은 한번에 모든 과정이 이루어지는 것이 아니라 각 단계별로 절차를 필요로 하게 된다. 그러나 글쓰기의 절차는 단계별로 동떨어진 것이 아니라 상위 단계부터 하위 단계까지 서로 유기적인 관계를 맺고 있다. 글을 쓰기 전의 단계가 바르게 설정되지 않는다면 전체적인 글의 구조는 체계성을 갖추지 않은 글이 될 것이다. 따라서 글쓰기는 체계적 구성을 갖추고 그것을 논리적으로 풀어내므로 글을 쓰기 전, 전체적으로 어떻게 전개할 것인지 설계를 하는 것은 매우 중요하다.

제2장

단 락

I. 서론

논술 텍스트는 인간의 지성에 호소하는 글이므로 주제가 명확해야 하며, 쉽고 명쾌하게 표현되어야 하고, 사실과 의견이 구분되어야 한다. 어떤 문제를 제기하거나 해결할 목적으로 자신의 의견, 주장 따위를 논리적으로 밝히는 것이다. 여기서 '말이나 글'은 논술의 수단이며, '자신의 의견'(단정이나 주장)은 논술의 대상이고, '그 타당성을 논리적으로 증명하는 것'은 논술의 과정이며, '청자나 독자가 그 의견을 믿게 하는 것'이 논술 텍스트의 목적이다.

이러한 관점에서 본다면 논술 텍스트는 "필자가 자신과 견해를 달리하는 보이지 않는 독자를 상정하여 자신의 신념이나 의견을 받아들이도록 독자를 설득시키기 위한 글의 양식"(원진숙, 1995a)으로 볼 수 있다.

논술 텍스트의 기본 절차는 주제를 설정하고, 설정된 주제에 대하여 글을 쓰는 사람의 의견이나 태도를 완전한 문장 하나로 나타낸 주제문을 완성한다. 그리고 주제를 위한 제재를 모으고, 주제를 펼칠 뼈대로서의 개요를 작성하고 그 개요를 바탕으로 논리적으로 서술하고, 전개한 내용을 다듬는 것이다.

위와 같은 논술의 절차는 단계별로 동떨어진 것이 아니라 상위 단계부터 하위 단계까지 서로 유기적인 관계를 맺고 있다. 글을 쓰기 전의 단계가 바르게 설정되지 않는다면 전체적인 글의 구조는 체계성을 갖추지 않은 글이 될 것이다.

본 논문은 위와 같은 논술의 특성을 바탕으로 학생들이 쓴 논술 텍스트를 통해 단락의 오류를 분석해 보았다. 이러한 분석을 통하여 학생들의 논술 텍스트에 대한 문제점을 인식하고, 이에 대한 개선노력을 고취하고자 하는데 목적을 두었다.

Ⅱ. 단락의 개념과 구조

1. 단락의 개념

 글은 여러 성분들이 모여서 이루어지는 조직체이다. 그 조직을 이루는 성분들로는 크게 단어, 문장, 단락 등이 있다. 이들은 아무 관계도 없이 따로따로 흩어져 잇는 것이 아니고 내용적으로 유기적인 관련을 맺고 있다. 단어들이 밀접하게 결합하여 문장이 되고 이 문장들이 모여 단락을 이룬다.
 단락은 하나의 '중심되는 생각'을 전개하는 관련된 문장들이 조직되어 이루어진다. 단락에는 각 단락마다 중심적인 내용을 지니고 있고, 문장들은 이 중심 생각을 뒷받침해 주는 역할을 한다. 따라서 단락은 '최소 생각의 덩어리'이며 형식적으로 '들여쓰기'를 통해 구분된다.
 단락의 종류에 대한 몇몇 학자들의 언급으로는 문덕수(1992)는 "주요단락, 도입단락, 결말단락, 연락단락, 보충단락, 강조단락, 회화단락"으로 구분하였다. 김봉군(1994)은 '완결성, 의미기능'[1]에 따라 단락을 구분하고 있다. 서정수(1993)는 단락의 종류를 크게 '일반 단락'과 '특수 단락'[2]으로

---

[1] 완결성에 따라 '주요, 보조' 단락으로 구분하고, 의미 기능에 따라 '설명, 주장·긍정, 비판, 논증, 예증·인용, 묘사, 대화' 단락으로 구분하였다.
[2] 일반 단락은 "주어진 핵심 과제인 소주제를 뒷받침하여 발전시키는 구실을 하는 것들이다"라 하고, 특수 단락은 "글의 시작, 끝맺음 등의 특수 목적만을 위

구분하였다. 이병모(2007)는 일반 글짓기 단락과 논술 글짓기 단락[3])으로 구분하였다.

2. 논술 텍스트의 단락 구조

논술의 과정을 문제-해결 과정이다. 즉 현재 처해 있는 바람직하지 못한 초기 상태로부터 자신이 의도하는 바람직한 목표 상태로 나아가는 과정으

해서 쓰여지는 것들이다"라 하였다.
3) 일반 글짓기 단락과 논술 글짓기 단락의 구분

특성 \ 구분	일반 글짓기 단락	논술 글짓기 단락
비유	핸드 벨 연주에 비유됨	합주(合奏)에 비유됨
형식	단선적(개방형)	복선적(조건형). 자료만 의존시→비판적 사고 결여/근거무시시→무의미성(뻔한 말)
관심의 대상	뒷받침 월의 배치에 관심/풍부하고 타당하게 뒷받침	사고 자체의 배치에 관심/ 간결한 뒷받침
핵심어	하나의 핵심어를 배치하여 작은 주제가 됨	여러 개의 핵심어를 연결, 그것들 중의 핵심어가 작은 주제가 됨
전개과정	하나의 핵심어를 뒷받침하여 전개함	논의의 과정을 중시하면서 전개함
개요와의 관련	개요 짜기와 무관하게 자기 주도적으로 글의 방향을 자유 분방하게 바꿀 수 있음	개요 짜기에 근거하여 치밀하게 주제를 향하의 글의 방향을 고정시켜야 함
'다시 엮기'의 필요성	'다시 엮기'가 필요 없음	읽은 내용을 바탕으로 하여 쓰기와 연결하기 위해 '다시 엮기'가 반드시 필요함
목표	개인적인 체험에서 보편적 진리를 찾는 것임	사물이나 사회현상에 대한 분석과 입장을 밝힘
공통점	내용의 체계성과 개성적 표현을 추구함	

로 보는 것이다. 바람직하지 못한 초기 상태가 '문제' 국면이라면 바람직한 목표 상태는 사태의 '해결' 국면이다. 텍스트는 여러 개의 소텍스트들의 부분들로 이루어져 있는 계층적 구조로 볼 수 있으며, 이 각각의 부분들은 종국적인 해결 방안을 찾기 위해 유기적으로 상호작용을 한다.

논술 텍스트는 항상 문제점이 주어진다는 것이다. 다른 유형의 글들은 문제점에서 출발하지 않을 수도 있으나, 논술 텍스트는 항상 문제점에서 출발한다. 그러므로 논술 텍스트의 생명은 논술 텍스트의 주어진 문제를 정확히 해석하고 그 문제점을 해결하는 데에 있다. 따라서 논술 텍스트 구성의 큰 뼈대는 '무엇이 문제인가(서론)', '문제를 구체적으로 설명하면 문제는 왜 해결되어야 하는가', '문제를 해결하는 방법에는 어떠한 것들이 있는가?', '문제를 해결하는 방법 중 어느 것이 가장 타당한가?(본론)', '문제의 요약과 가장 타당한 해결 방안(결론)'으로 이루어져야 한다.

이러한 논의는 논술 텍스트가 기본적으로 '문제' 요소에 대한 배경적 정보를 제시하기 위해서 사실 및 이에 대한 상세한 내용 등을 진술하는 '상황' 요소, 이러한 '상황' 요소에 대하여 부정적 평가를 내림으로써 새로운 문제를 제기하고 주장하는 '문제' 요소, 문제에 대하여 증거를 제시하거나 합리적인 정당화를 통하여 해결 방안을 제시하는 '해결' 요소, 해결 방안에 대한 '평가' 요소들로 이루어진 '문제-해결 구조'로 구성되어 있다.(원진숙, 1995a:99)

이러한 '상황, 문제, 해결, 평가' 요소는 논술 텍스트의 전체 구조를 형성하는 횡적 구조를 이루는 의미 단위로 볼 수 있다. 즉, 단락과 단락 사이에는 일정한 의미 관계가 있고, 이 의미 관계는 통일성을 보여야 한다. 논술 텍스트는 문제 해결이라는 내용 구조가 '배경-문제-해결-평가'의 횡적 구조를 나타나는 것이다. 또한 이러한 횡적 구조를 이루는 근간 구조들이 종적으로 '명세화, 정당화, 예시, 부연' 등의 종적 구조를 이루는 의미 단위들로 더욱 더 심화시켜 논거를 마련하거나 내용을 풍부하게 한다(신지연, 2006).

Ⅲ. 오류 분석

1. 횡적 구조

  논술 텍스트는 기본적으로 '문제제기'와 그에 대한 '해결제시'를 근간으로 이루어지는 문제-해결 구조를 가진다. 모든 논술 텍스트는 결국 분명한 문제점에 해여 구체적으로 해결책을 제시하는 글이라고 할 수 있기 때문이다. 제시된 해결 부분이 곧 논술의 주요 부분이 된다.
  논술 텍스트의 횡적 구조는 상황, 문제, 해결, 평가의 의미 단위가 배경, 내용, 마무리 구조로 이루어진다. 글의 배경 구조는 글의 도입부분으로 서론에 해당된다. 내용 구조는 주로 글의 본론에 해당되는 부분이다. 마무리 구조는 글의 결론에 해당된다. 물론 여기에서 '배경'과 '마무리'는 메타구조이므로 텍스트의 절대적 비중은 내용 구조에 두어져야 한다. 따라서 실제 글쓰기에서 서론 부분에 해당하게 되는 '배경' 단위가 지나치게 길어지면 논점을 흐리게 되는 일이 생긴다.

글의 배경 구조인 서론 부분은 글의 주제를 설정하고 개요를 작성했음에도 막상 글을 쓰려고 하면 어떻게 시작해야 할지 막막한 경우가 많다. 일반적으로 글의 도입단락을 쓰는 방법에는 '문제 제기', '개념 정의', '주제 또는 주제문 제시', '인용', '내용을 구분하며 제시', '구체적인 사건이나 일화 제시', '시사적인 내용을 언급'하는 방법이 있다. 논술 텍스트에서는 이 중 말하고자 하는 주장의 상황을 이야기하면서 문제를 제시하는 방법이 많이 쓰이고 있다.

글의 내용 구조인 본론 부분에서는 서론에서 제시된 문제점을 더욱 구체적으로 살피고, 그에 대한 해결 방안을 제시하는 부분이다. 이곳에서는 정당화, 명세화, 예시, 부연 등의 종적 의미 단위들로 주장을 정당화하고 뒷받침하는 역할을 한다.

마무리 구조인 글의 결론 단락을 쓰는 법도 글의 종류와 내용에 따라서 여러 가지 있을 수 있다. 대개는 지금까지 논의해 온 내용을 요약하거나 결론을 내려 주는 것이 보통이다. 종결부에서는 깊은 인상을 남기거나 여운을 남기며 글을 맺기도 한다.

일반적으로 종결 단락을 쓰는 방법은 '논의된 내용을 요약', '서두의 내용을 반복하거나 되살려 주는 방법', '요망이나 전망을 제시하면서 끝맺는 방법', '인용을 하면서 끝맺는 방법', '정경을 묘사하며 끝맺는 방법' 등이 있다.

이 중 주로 사회의 문제점을 비판하고 필자의 주장을 펼치는 논술 텍스트에서는 본론에서 거론했던 문제점에 대한 해결책을 요약하며 앞으로의 전망을 제시하면서 끝맺는 방법이 일반적이다.

학생들의 쓴 논술텍스트에 나타난 횡적 구조의 오류는 다음의 것들이 있다.

(1)
(서론)
통계청 보고에 따르면 1960년대의 평균 출산율이 6명이었으나, 산업화가 빠르게 진행되면서 2002년에는 1.17명으로 세계 최저 수준이 되었다. …… (중략) 한 일간지에서 결혼 1개월 미만의 신혼 부부 중 80%는 아이는 천천히 생각하겠다라고 답했고, 이 중 많은 60%는 아이가 없어도 잘 살 수 있다라고 답했다.
(본론)
출산율 저하 현상의 원인을 살펴 보면, 첫째, 사람들의 가치관의 변화 ……(생략)
둘째, 정부의 열약한 보육지원……(생략)
셋째, 사교육비의 증가……(생략)
위의 출산율 저하 현상을 막기 위한 해결책으로 사회적 인프라 구축과 의식의 변화…….(생략)
(결론)
지금은 정부의 대책이 가장 필요한 시기이다. 정부는 이런 문제점을 즉각 반영하고 정확한 해결방안으로 사회구조를 개선해야 한다.

위의 내용은 아이를 낳지 않는 한국사회의 문제 분석과 해결 방안을 모색하고 있다. 서론은 현재 출산율 저하 현상을 통계로 보여줌으로써 현재의 상황을 비교적 잘 보여주고 있다. 본론은 출산율 저하 현상의 원인 분석과 이에 대한 해결책을 제시해 주고 있다. 그러나 본론의 내용을 보면 양적으로 원인 분석에 많은 부분이 차지하고, 그에 대한 해결책은 한꺼번에 뭉뚱그려 제시하고 있다. 즉 문제점이 세 가지로 분석되었다면, 그 문제에 대한 해결책도 각기 제시되었으면 내용과 논리적으로 훨씬 균형감 있는 내용 구조를 이루었을 것이다.

또한 결론은 서론에 비해 지나치게 양이 적다. 서론과 결론의 글의 분량은 비슷하게 갖춤으로써 글의 균형감을 살려 줄 수 있다. 또한 내용적으로는 본론의 내용을 요약 정리하면서 해결책에 대한 긍정적 평가와 부족한 점을 언급함으로써 앞으로의 전망에 대한 제시가 없음으로써 글의 균형감이 떨어지고 있다.

이러한 현상은 많은 학생들의 논술텍스트에서 볼 수 있었다. 문제가 되는 상황과 문제점이 글의 전개에서 많은 양을 차지하고 있다. 반면에 문제점에 대한 해결책과 글의 결론 부분이 상당히 미약하게 나타남을 볼 수 있었다. 논술은 체계적인 짜임새를 기본으로 하므로, 논술의 전체의 양에 배해 서론이 너무 장황하거나 결론이 너무 빈약하거나 하는 경우는 올바른 것이 아니다.

(2)
　청소년은 우리의 미래이다. 청소년을 보호하지 않으면 우리의 미래 또한 불투명하다고 할 수 있다. 올바른 성교육을 통해 건전한 청소년의 성문화를 만들어 나가야 할 것이다.

　위의 예문은 올바른 성교육의 필요성을 피력하기 위해 현재 발생되고 있는 청소년의 성범죄에 대한 문제점과 해결책을 제시하고 있다. 그러나 위 부분의 결론 단락은 전체 글의 양에 비해 너무 적게 나오고 있음은 물론이고, 본론에서 다루었던 내용의 요약이 없으며 자신의 내놓은 해결책에 대한 긍정적 평가가 없다.

(3)
　호주제란 한 가족의 구성원 중 가족의 대표가 되는 한 사람으로 보통 모든 재산의 소유는 호주의 명의로 되어 있다. ……(생략)
　호주제 폐지에 대한 반대측 의견으로는 역사적 전통의 흔들림 ……(중략) 한 순간에 전통을 없애려는 것은 무책임한 것 같다.
　또한 갑작스러운 변화는 사회적 혼란을 야기할 수 있다. ……(중략) 이상과 같은 이유로 호주제 폐지를 반대하고 있다.
　반대로 호주제 폐지에 대한 찬성측 의견으로는 미혼모 가정에서 받는 아이들의 상처를 들 수 있다. ……(중략) 실질적으로 어머니와 자녀의 관계가 아닌 동거인 관계로 표기되기 때문이다.
　또한, 재혼가정의 자녀가 겪을 정신적 혼란을 들 수 있다. ……(중략) 또한 성장하면서 가치관이나 자아정체성에 혼란을 겪을 것으로 예상된다.
　위의 찬·반 의견 중 나의 의견은 호주제 폐지에 찬성하는 입장이다. …… (중략) 그러므로 호주제는 폐지되어야 한다.

위의 글은 호주제에 대한 정의를 시작으로 글을 시작하고 있으며, 현재 우리나라 사회에 쟁점화되었던 호주제 폐지에 대한 찬·반 양측의 의견을 제시하며 필자의 주장을 드러내고 있다.

그러나 위의 글의 구조는 논술 텍스트의 구조보다는 어떤 문제에 대하여 여러 사람의 각각의 의견을 말하며 논의하는 토론의 내용이다. 토론은 논제에 대하여 양측의 주장을 논박하고, 마지막으로 진행자가 논제를 정리하는 형식이다. 일반적으로 논증, 논술, 토론은 많은 학생들이 혼동하고 있는 용어이다. 논증은 옳고 그름을 이유를 들어 밝히거나 또는 그 근거나 이유이다. 논술은 어떤 것에 관하여 의견을 논리적으로 서술하는 것으로 혼동되어서는 안 된다.

2. 종적 구조

논술이 이루어지려면 문제제기에서 해결제시로 가는 과정에 반드시 근거라는 객관적 검증 장치가 필요하다. 논술이란 주장의 정당성이나 진실성을 텍스트 수용자에게 설득시키는 것이므로 논증에서 중요한 것은 주장 자체라기보다는 설득의 근거이다. 이 근거 제시부는 해결 단락의 앞에 위치할 수도 있고, 뒤에 위치할 수도 있다. 앞에 위치하면 결론이 나중에 보이는 미괄식 구조를 이루게 되고, '근거'가 '해결'의 앞에 위치하면 결론부터 제시되는 두괄식 구조에 가깝게 된다.

　논술 텍스트는 그 어느 다른 유형의 텍스트보다도 텍스트 생산자의 주장을 분명하고 정확하게 전달해야 할 필요를 가지는 텍스트이며, 주장을 분명히 전달하는 데에는 시간적으로도 일찍 논지가 드러내는 것이 유리하다.

　이 근거 제시의 기능을 하는 단락들에는 '명세화', '정당화', '예시', '부연'의 기능을 하는 단락들이 있으며 이들은 횡적 구조에 대해서 종속적이라고 볼 수 있다.

　이 종적 구조는 단락의 종류에 일반 단락에 해당된다. 일반단락의 구조는 '소주제문'과 '뒷받침문장'으로 이루어진다. 소주제문이란 한 단락에서 다루어질 내용의 핵심을 나타내는 문장을 말하며, 뒷받침문장은 이 소주제문을 부연하고, 논증하고, 예증하는 등 단락 내에서 소주제문을 떠받들고 있은 다른 모든 문장을 일컫는다. 일반 단락의 전개 원리는 통일성, 연결성, 강조성이다.

　(1) 형식

　단락은 형식적으로 '들여쓰기'를 통해 구분된다. 단락을 제대로 구분하지 않으면, 사고가 뒤엉켜 그 전개 과정이 제대로 드러나지 않는 혼란한 글이 되고 만다. 단락은 하나의 중심 생각을 드러내야 하므로, 중심 생각이 바뀔 때에는 반드시 들여쓰기를 통해 단락이 구분됨을 표시해 주어야 한다.

(4)
우리나라의 고령화 문제는 보편화, 일반화되었다. 우리나라의 고령화 사회는 급속히 증가하고 있는 추세이다.
…… (중략) ……
앞으로 2018년 65세 이상의 노인들이 전체 인구의 14% 이상을 차지하게 되면서 고령화 사회로 진입할 전망이라고 한다.
(5)
우리나라는 예전부터 유교사상의 영향으로 남아선호사상이 은연중 우리 머릿속에 자리잡고 있다.
…… (중략) ……
오랫동안 우리나라의 가족제도로 여겨온 호주제를 폐지해야 한다는 의견이 나왔다.

위의 단락은 들여쓰기로 단락 구분 표시를 하지 않은 오류를 보이고 있다.

(6)
인구의 도시집중의 시초는 공업화가 시작되면서 사회문제로 대두되기 시작했습니다.
먼저 인구의 도시집중의 원인으로 경제문제를 생각할 수 있습니다.
…… (중략) ……
농업에서 2차적인 산업인 공업화가 경제를 주도하게 되었습니다.
(7)
급변하고 있는 현대사회 속에서 성범죄율은 날로 치솟고 있다.
특히, 그 연령대가 점차 낮아지면서 심각성이 대두되고 있다.

...... (중략) ......

오로지 쾌락에만 의존하고 있고, 그 후에 임신 또는 미혼모에 관한 문제를 간과하고 있기 때문이다.

(6)은 인구 도시집중의 현상을 진술하면서 원인을 찾아보기 위한 노력이라고 할 수 있는데, 의미적으로는 문장이 연결되고 있지만 형식적으로 잘못되었다. (7)은 성범죄에 대한 의견을 제시하면서 현재 우리가 간과하고 있는 실정을 언급하는 부분이다. 이것 또한 의미적으로 연결되고 있지만 형식적으로 하나의 문장이 줄바꿈이 아닌 이어서 써야 한다.

(2) 내용

1) 통일성

통일성의 원리를 지키는 좋은 방법은 세 가지가 있다. 우선, 단일 개념의 소주제문을 정하는 것이 바람직하다. 복합 개념의 소주제문을 정하고 글을 쓰면 초점이 분산되어 산만한 느낌을 준다. 둘째로 한정된 범위의 소주제문을 선택하는 것이 바람직하다. 너무 넓은 범위의 소주제문을 정하고 글을 쓰면 뒷받침해야 할 내용이 많아져서 통일성을 기하기 어렵다. 셋째로 소주제문을 직접적으로 부각시키는 내용으로만 뒷받침해야 한다. 소주제문과 직접적으로 관련이 없거나 거리가 먼 내용은 통일성을 깨뜨리는 요인이 된다.

(8)
①인터넷은 인간관계에 있어 소외현상을 일으킨다. ②사람들은 인터넷을 통해 동호회를 가입한다. 자신의 문화·여가 활동을 즐길 수 있고, 새로운 사람들과의 만남 또한 함께 할 수 있는 활동이기 때문이다. ③이러한 모임은 정식 모임으로 되는 경우가 많다. ④온라인 상태가 아닌 오프라인 상태에서 대면하는 것이다. ⑤서로의 이름, 나이, 직업 등을 공유하며 명함도 주고 받는 경우가 있다. ⑥하지만 만남이 지속되지 않으면 '눈에 보이지 않으면 멀어진다'는 말처럼 그 사람에 대한 존재감이 사라지게 된다. ⑦다시 말해 깊고, 진지한 관계를 유지할 수 없게 된다.

위 단락의 소주제문은 ①번 문장인 '인터넷은 인간관계에 있어 소외현상을 일으킨다'이다. 하지만 나머지 뒷받침문장들은 소주제문과 직접적인 관련이 없어 보인다. ②, ③, ④, ⑤번 문장은 다양한 계층의 사람들이 인터넷을 통하여 많은 사람들을 만날 수 있는 장점을 이야기하고 있다. 또한 지속적인 온라인 상태에서의 만남은 실제의 만남으로 이어지는 현실을 이야기하고 있다. ⑥, ⑦번 문장은 우리 삶의 일반적인 이야기이므로 소주제문과는 직접적인 관련이 없어 보인다. 따라서 위 단락은 소주제문을 '인터넷은 폭넓은 대인관계를 형성해 준다'라고 하고, ②, ③, ④, ⑤ 문장을 좀더 구체적으로 표현하는 것이 좀더 소주제문과 관련된 내용의 통일성을 기할 수 있는 단락이 될 것이다.

(9)
①사회, 문화적 요인으로는 전통적인 1차 산업인 농경 사회에서 벗

어나 2차, 3차 산업 사회로 접어들면서 더 많은 지식의 필요성이 제기되었다. ②이러한 이유로 자녀들의 교육문제를 이유로 교육, 문화시설이 다양하고 전문적인 도시 생활을 추구하였고, 이미 일자리로 인해 향상된 수입은 높은 생활 수준을 만드는데 기여하였다. ③이런 대표적인 원인으로 인하여 인구의 도시 집중은 이루어졌으며 이에 따라 주택, 환경, 교통 문제 등이 발생하게 되었다.

위 단락은 인구 도시 집중의 요인과 문제점을 서술하고 있다. 그러나 위의 단락은 소주제문이 드러나 있지 않고, 각각의 문장의 서술이 연결성이 결여되어 있다. 위 단락은 좀더 한정된 소주제로 설정할 수 있을 것이다. 인구의 도시집중화 현상의 요인으로 사회, 문화, 교육, 경제 등 하나의 측면만을 다룰 수 있다. 한편 도시 집중의 문제점으로 환경, 교통, 주택 문제 등 하나의 문제점만을 서술하였다면 좀더 소주제를 잘 드러낼 수 있으리라 생각한다. 작은 소주제와 소주제문을 정하는 것이 바람직하다.

2) 연결성

연결성이란 소주제를 떠받드는 뒷받침문장들을 순리적으로 배열하는 것을 나타낸다. 즉 소주제를 서술하는 재료인 뒷받침문장들은 자연스럽고 이치에 맞게 배열되어야 한다.

연결성의 원리를 지키기 위해서는 시간·공간·논리의 세 가지 측면을 고려해야 한다. 우선, 시간의 흐름에 따라 순리적으로 서술 내용을 이어가는 것이 바람직하다. 앞선 시간에 일어난 일부터 서술하고 차례로 시간의 흐름에 따른 사건의 변화를 기술하는 것이 바람직하다. 둘째로, 공간의 모습도 일정한 질서에 따라 서술해야 한다. 셋째로, 논리적인 면에서 어긋난 면이 없는지를 고민해야 한다. 앞뒤 서술이 모순된 점은 없는지, 이치에 합당한 서술인지를 꼼꼼히 점검해야 한다.

(10)
① 출산율 저하 현상을 막기 위한 해결방안을 보면 사람들의 가치관은 쉽게 변화하지 않는다. ②무엇보다 사람들 마음에 있는 가치관은 사회구조가 어떤 식으로 바뀌어 감에 따라 바뀌는 것이라 할 수 있다. ③아이들을 부담이 없고 맡길 수 있는 공공교육기관이 많이 생겨나야 한다. ④민간위주는 사람들의 믿음이 약간을 떨어질 수도 있으며 정부는 공교육 발전에 힘써야 한다.

위 단락은 ①, ② 문장은 출산율 저하 현상의 대책과 관련되어 가치관에 관련된 것을 서술하고 있다. 반면에 ③, ④ 문장은 사회적 기반 구축으로 공공 기관의 설립 필요성을 이야기하고 있다. 전반부와 후반부의 내용적인 통일성이 이루어지지 않을 뿐만 아니라 논리적인 연결성이 없다. 즉, 하나의 소주제만을 설정해야 하고, 해결책에 대한 결과로 서술되어야지 논리적인 빈약성이 없을 것이다. 가치관의 변화와 공공기관의 확충으로 인한 결과를 나열해야 한다.

(11)
①지금 우리나라는 청소년 성교육이 아주 빈약하다. ②학교에서 가

정에서 성교육을 배우기 이전에 어느 수준의 나이가 되면 자연적으로 이성의 눈을 뜨게 되고 성에 대해서 인식하게 될 것이다. ③현재는 포르노에 너무 쉽게 접할 수 있고, 각종 성인물들이 난무하는 가운데 폭력적이며 부도덕적이고 변태적이라 할 수 있다. ④이런 매체들이 성에 대해 전혀 개념조차 미리 파악하지 못한 아이들에게 가치관의 혼란과 더불어 마약, 임신, 비행 등의 일탈로 접어 들게 하는 것이다.

①, ② 문장은 청소년의 성교육에 대하여 언급하고 있다. ③, ④ 문장은 현재 청소년들이 음란물을 인터넷 매체에 의해 쉽게 접함으로써 생기는 폐해를 이야기하고 있다. 전반부와 후반부의 내용이 통일성이 결여되어 있으며 논리적인 연관성이 없다. 청소년 성교육만을 다룬다면 현재의 성교육이 빈약함으로써 일어나는 여러 현상들을 지적할 수 있다. 또한 청소년들의 음란물로 인한 폐해를 서술한다면 좀더 구체적인 사항으로 서술하면 좀더 논리성이 있는 단락이 될 것이다.

논술 텍스트에서는 주로 시, 공간적인 연결성보다는 논리적인 면에서의 연결성이 많이 요구된다. 즉, 단락을 구성할 때 좀더 논리적인 면에서의 모순과 빈약성은 없는지를 꼼꼼히 살필 필요가 있다.

3) 강조성

강조성의 원리란 소주제가 충분히 강조되어야 함을 뜻한다. 독자가 그 글의 요점을 인상 깊게 받아들이고 충분히 이해하고 납득할 수 있도록 소주제를 강도 높게 드러내야 한다는 것이다.

강조성의 원리를 지키는 방법은 3가지가 있다. 우선, 소주제문은 뒷받침 문장을 통해서 충분히 설명되어야 한다. 이것은 독자가 소주제문을 이해하고 납득하는 데 필요한 만큼의 설명, 논증, 예시 등이 충분히 제시되어야 한다는 뜻이다. 둘째, 소주제문을 단락의 맨 첫머리나 마지막에 두는 것이 소주제를 강조하는 데에 도움이 된다. 단락의 첫 부분과 마지막 부분은 눈에 잘 뜨이는 위치이므로 그만큼 강조 효과가 있다. 셋째, 수사법을 활용하여 소주제문을 강조하는 것도 바람직하다. 과장법이나 반복법과 같이 강조 효과가 있는 수사법을 활용하여 소주제문이 두드러진 느낌이 들도록 한다.

(12)
①우리나라 사회가 고령화되면서 생기는 문제점으로 국가경쟁력의 위축이다. ②고령화사회가 어쩔 수 없는 현상이고 노동력의 감소로 국가경쟁력이 위축되고 있다. ③정부는 노령인구를 통해 국가경쟁력을 향상시킬 수 있는 방안들을 계획하여야 한다.

위의 단락의 소주제문은 ③ 문장으로 고령화사회에 해결책의 일환으로 정부노력의 필요성을 강조하고 있다. 그러나 위 단락은 정부 노력의 구체적인 설명이나 예시 등이 없어 구체적이 아닌 추상적인 결론으로 끝을 내고 있다. 따라서 소주제문이 충분히 강조되지 않은 특성을 보이고 있다.

(13)

①첫째, 질서를 생활화해야 한다. ②그것이 말처럼 쉽지는 않겠지만, 어렸을 때부터 질서교육을 의무로 하고 몸에 베이도록 하면 우리나라도 선진국처럼 어딜가든지 줄을 질서정연하게 서 있는 모습을 기대할 수 있을 것 같다.

위의 단락의 소주제문은 ① 문장이다. 그러나 소주제문을 이해하고 납득하는데 필요한 만큼의 충분한 설명이 드러나 있지 않아 소주제문이 충분히 강조되지 않고 있다. 좀더 구체적인 예시를 제시하고 단락의 맨 마지막에 한번 더 강조한다면 소주제문이 강조될 것이다.

Ⅳ. 결론

지금까지 본 논문은 학생들의 논술 텍스트에 나타난 단락의 오류 현상을 분석해 보았다.

본 논문에서 논술 텍스트를 아직까지 독자가 믿고 있지 못한 초기 상태에서 자신의 의도대로 필자의 신념이나 의견을 받아들이도록 독자를 설득하기 위한 글의 양식으로 설정하였다. 따라서, 전체 구조를 문제-해결의 구조 측면에서 상황, 문제, 해결, 평가의 내용들이 의미 단위인 '배경, 내용, 마무리' 횡적 구조로 보았다.

논술 텍스트 전체 구조에서 내용 구조의 중심을 이루는 부분으로 필자의 주장을 분명하고 정확하게 전달해야 할 필요를 가지는 단락들을 종속 구조로 보았다. 이 종속 구조의 의미 단위는 '명세화', '정당화', '예시', '부연'의 기능을 하는 단락들이 있다.

위와 같은 논술 텍스트의 특성을 바탕으로 학생들이 쓴 논술 텍스트의 단락 오류 특성은 다음과 같이 나타났다.

1. 논술 텍스트의 횡적 구조의 오류는 전체 글의 구조에 있어 상황과 문제 부분이 너무 많은 양을 차지하고 있었다. 반면에 해결책과 해결책에 대한 평가 부분이 미흡하게 나타났다. 또한, 논술, 논증, 토론을 혼동하고 있는 경우가 많았다. 특히, 논술 텍스트를 토론의 구조로 진행한 경우를 많이 볼 수 있었다.

2. 논술 텍스트의 종적 구조의 오류는 형식과 내용으로 구분하여 살펴 보았다.

첫째, 형식적인 오류는 단락은 들여쓰기를 통해 구분되는데, 들여쓰기를 하지 않음으로써 혼란을 일으키는 경우가 있었다. 또한, 단락은 하나의 생각의 덩어리로써 소주제문을 뒷받침문장들이 연결되면서 뒷받침해야 하는데, 문장마다 줄바꿈한 오류를 보이고 있었다.

둘째, 내용적인 오류는 통일성, 연결성, 강조성 측면에서 살펴 보았다. 통일성의 오류는 소주제문과 직접적인 관련이 없어 보이는 내용들로 이루어진 오류를 볼 수 있었다. 또한, 연결성의 오류는 단락에서 논리적인 연결성이 없는 단락이 많았고, 강조성의 오류는 추상적인 사실의 나열로써 소주제문에 대한 충분한 설명, 논증, 예시 등이 부족한 오류를 볼 수 있었다.

글은 여러 성분들이 모여서 이루어지는 조직체이다. 그 중 단락은 하나의 '중심되는 생각'을 드러내고 있는 하나의 생각의 덩어리이다. 그러므로 학생들이 좀더 체계적이고 논리적인 글을 쓰기 위해서는 전체적으로 어떻게 단락을 전개할 것인지 설계를 하는 것은 매우 중요하다고 할 수 있다.

제2부
미시적 오류 분석

제1장 문장
제2장 어휘
제3장 띄어쓰기

제1장

문 장

Ⅰ. 서론

 현대는 많은 정보들이 홍수와 같이 우리들에게 밀려오고 또 그 정보를 떠나서는 온전한 사회생활을 해 나갈 수 없을 정도가 되었다. 이러한 수많은 정보들은 시각적인 수단인 문자로 된 글을 통하여 우리에게 전달되고 있다.
 글은 자기의 생각을 다른 사람에게 전달하기 위해 쓰는 것인데, 생각을 담고 있는 의미의 최소 단위가 단어이고, 단어의 집합 개념이 어휘이다. 하나 이상의 단어가 모여 한 문장이 되고, 하나 이상의 문장이 모여 한 단락이 되며, 하나 이상의 단락이 모여 한 편의 글이 된다.
 모든 글은 문장으로 이루어진다. 즉 문장 하나하나가 모여서 글이 된다.

따라서 좋은 글은 하나하나의 문장이 올바로 만들어져 있어야 가능하다. 올바른 문장이란 두말할 것도 없이 문법에 맞고, 의미적으로 명확한 문장이다. 문법은 하나의 언어 사회가 올바른 표현이라고 받아들이는 모든 문장을 빠짐없이 설명할 수 있는 원리인 동시에 우리 머릿속에 마련되어 있는 어떤 장치라고 할 수 있다. 우리는 이 장치에 의해 다른 사람의 말을 바르게 이해하기도 하고 다른 사람에게 바르게 말을 하기도 한다. 따라서, 단어 하나하나를 바로 쓰고 그것을 국어 문법 규칙과 의미적으로 어색함이 없도록 배열하는 것이 바른 문장을 쓰는 가장 기본적인 일이 되는 것이다.

필자는 학생들의 언어 사용 양상에 대한 실태를 조사하기 위하여 '대학인의 글쓰기' 과제로 청주대학교 박물관[1] 답사기를 부여하였다. 본 논문은 이 과제를 통하여 문장 사용의 오류[2]를 분석하였다.

본 논문은 위의 결과를 토대로 학생들의 문장 사용 양상에 대한 문제점을 인식하고, 이에 대한 개선노력을 고취하고자 하는데 목적을 두고자 한다.

---

1) 청주대학교 박물관은 1967년에 문을 열었다. 충청북도 내 각 지역에서 문화유적 발굴사업을 벌이고 있다. 특히 1985년에는 청주시 운천동 흥덕사지(사적 315) 발굴조사를 통해 이곳에서 세계에서 가장 오래된 금속활자본인 불조직지심체요절(佛祖直指心體要節)이 인쇄되었음을 밝혀냈다. 이에 따라 흥덕사지를 복원하면서 청주고인쇄박물관을 함께 짓게 된 계기가 되었다. 박물관은 2006년 현재 2,500여 점의 유물을 소장하고 있다. 1층에는 설립자 기념관인 청석기념관과 민속공예실이 있고, 2층에는 고고미술실이 있다.
2) 본 논문의 예는 띄어쓰기, 어휘 및 문장구성의 오류가 나타나는 문장을 그대로 인용하였다.

Ⅱ. 문법적 오류

문법에 어긋난 문장은 비문이며 글 속에 비문이 들어 있다면 좋은 글이라고 할 수 없다. 이 장에서는 문법적 오류는 어떠한 것인지 문장성분 간의 불호응과 문법형태소의 오류로 나누어 살펴보고자 한다.

1. 문장성분 간의 불호응

문장은 단어들이 문법 규칙에 의해 나열된 의미의 통일체다. 대체로 문장은 주어, 목적어, 서술어, 보어, 관형어, 부사어, 독립어의 문장성분들로 이루어진다. 문장성분은 문장을 구성하면서 일정한 범주의 성질을 가진 단어와 단어의 연결체이다.

문장성분들 사이의 호응 문제는 주로 단문 안에서 논의되어 왔다. 문장성분 간의 호응이 이루어지는가의 여부는 그 단문이 문법적인가 비문법적인가와 관련된다. 그런데 실제로 다양한 글들을 분석해 보면 문장성분의 호응 문제는 단문에만 국한된 것이 아니라는 것을 알 수 있다. 문장과 문장이 접속과 내포로 연결되어 더 큰 문장을 이룰 때 문장성분 간 문법적으로 또는 의미적으로 호응이 되지 않는 경우가 많이 발견되고 있다.

이 절에서는 문장성분 간 호응이 되지 않는 예를 살펴보고자 한다.

첫째, 주어와 서술어의 호응 관계이다.

(1)
ㄱ. 내가 어릴적에 온가족이 모여 식사를 할때 유독 할아버지와 아버지만 개다리소반같은 작은 상에 따로 밥상을 차려 주셨다.
(내가 어릴 적에 온가족이 모여 식사를 할 때 어머니께서는 유독 할아버지와 아버지만 개다리소반 같은 작은 상에 따로 밥상을 차려 주셨다.)
ㄴ. 평소 학교를 다닐때마다 박물관을 짓는 것은 알았지만 별로 흥미를 가지고 있지는 않던 건물이 었다.
(평소 학교를 다닐 때마다 박물관을 짓는 것은 알았지만 별로 흥미를 가지지는 않았다.)
ㄷ. 반만연 역사사이에 청주가 금속활자로 인한 발전과 현시대에 금속활자가 갖는 의미는 문명시대에 손으로 쓰는 책에서 인쇄술로 인한 문화의 발전을 엿볼 수 있는 기회가 이번 탐방기에서 느낄 수 있었다.
(이번 탐방기는 반만년 역사에 금속활자가 청주에서 발전했다는 사실과 문화의 발전에서 손으로 쓰는 책에서 인쇄술로 인한 문명의 발전을 엿볼 수 있는 기회였다.)

문장을 이루기 위해서는 하나의 주어와 하나의 서술어가 필요하다. 위의 예들은 주어와 서술어가 호응을 이루지 않는 예들이다. ㄱ)은 목적어는 '밥상을'이고 서술어는 '차려 주셨다'인데, 행위의 주체인 '주어'가 생략되어 있다. 이 문장의 주어는 필자의 어머니인 듯싶다. 따라서 그 대상을 높임과 동시에 그 대상이 문장의 주어임을 나타내는 격조사 '께서'를 붙여 '어머니께서는'을 삽입해야 한다. ㄴ)은 두 개의 문장이 연결어미 '-지만'에 의해 연결되고 있다. '-지만'은 '이다', 용언의 어간 또는 어미 '-았', '-겠' 뒤에 붙어 어떤 사실이나 내용을 시인하면서 그에 반대되는 내용을 말하거나 조건을 붙여 말할 때에 쓰는 연결어미이다. 위 두 문장의 주어는 문맥상 알 수 있기 때문에 생략되었지만 필자를 암시하고 있다. 그러나 뒤 문장의 서술어 '건물이었다'는 주어 필자와 호응을 이루지 못하므로 서술어를 '별로 흥미를 가지지는 않았다'로 고쳐 써야 한다. ㄷ)은 문장의 전체 주어가 '기회가'이고 서술어는 '느낄 수 있었다'인데 서로 호응이 되지 않는다. 위 문장은 반만년 역사에서 금속활자가 청주에서 많이 발전했다는 사실, 그리고 문화의 발전에서 금속활자가 갖는 의미를 알 수 있었던 탐방기였음을 필자가 이야기하고 있다. 따라서 ㄷ)의 주어는 '이번 탐방기'이고 목적어는 '~ 사실과 ~ 발전을'이고 서술어는 '엿볼 수 있는 기회였다'로 써야 호응을 이룰 수 있다.

둘째, 목적어와 서술어의 호응 관계이다.

(2)
ㄱ. 그리고 <u>그 맞음편에 보면</u> 설립자 분들이 사용하시던 지팡이며, 어음이며, 책이며, 즐겨 쓰시던 중절모와 털모자같은 것이 나열되어 있어서 반세기가 지났는데도 그분들의 살아온 모습들을 미약하지만 조금이라도 느낄 수 있었다.
(그리고 <u>그 맞은편을 보면</u> 설립자 분들이 사용하시던 지팡이며, 어음이며, 책이며, 즐겨 쓰시던 중절모와 털모자 같은 것이 전시되어 있어서 반세기가 지났는데도 그 분들의 살아온 모습들을 미약하지만 조금이라도 느낄 수 있었다.)
ㄴ. <u>유물에 관하여 탐방하기</u> 시작하였다.
(<u>유물을 관람하기</u> 시작하였다.)

위 문장들은 목적어와 서술어가 호응이 되지 않아 의미적으로 부적절한 문장이 되는 경우이다. ㄱ)에서 '그 맞음편에 보면'은 '보다'가 목적어를 취하는 서술어이므로 처소부사격 '에'를 목적격 조사 '를'로 고쳐 써야 한다. 또한, '나열되어'는 어휘가 부적절한 예이다. '나열(羅列)'은 쭉 벌여 놓는 것을 의미한다. 이것보다는 여러 가지 물품을 벌이어 보이는 의미를 지닌 '전시(展示)'가 문맥상 어울린다. ㄴ)은 문장에서 '탐방(探訪)'은 어떤 사실이나 소식 따위를 알아내기 위하여 사람이나 장소를 찾아가거나 명승고적 따위를 구경하기 위하여 찾아가는 것을 말한다. 따라서 유물과는 의미상 호응이 되지 않는다. 이 문장에서는 연극, 영화, 운동 경기, 미술품 따위를 구경하는 의미의 '관람(觀覽)'이 문맥에 맞는다. 이 절에서 '관람하다'는 목적어가 필요로 하므로 '유물에'를 '유물을'로 고쳐 써야 한다.

셋째, 수식어와 피수식어의 호응 관계이다.

(3)
ㄱ. 이분들은 어린나이에 <u>고향을 떠나 그후</u> 혹독한 고난과 절망을 딛고 거부가 되었음에도 불구하고 결코 자신들의 안일만을 도모하지 않았다.
(이분들은 어린 나이에 <u>고향을 떠난 이후</u> 혹독한 고난과 절망을 딛고 거부가 되었음에도 불구하고, 결코 자신들의 안일만을 도모하지 않았다.)
ㄴ. 그중에서도 제1회 졸업생들의 사진이 기억에 남는데, 확실히 지금 학생들의 모습과는 <u>심각하게</u> 달랐다.
(그 중에서도 제1회 졸업생들의 사진이 기억에 남는데, 확실히 지금

학생들의 모습과는 <u>많이</u> 달랐다.)

ㄱ)은 '어린 나이에 고향을 떠나 그후'의 표현이 어색하다. 이 문장은 '어린 나이에 고향을 떠나'가 '이후'를 꾸며주고 있는 형태이다. 그러나 수식어인 관형어의 형태와 피수식어인 어휘가 잘못 선택되었다. '고향을 떠나'는 과거의 의미를 지닌 관형사형 전성어미 '-ㄴ'이 첨가되어야 한다. 그리고 피수식어 '그후'는 '이제로부터 뒤, 기준이 되는 때를 포함하여 그보다 뒤'의 뜻을 갖는 '이후(以後)'가 적합하다. 그리고 대등하거나 종속적인 절이 이어질 때에 절 사이에 반점(,)을 찍는다. ㄴ)은 수식어인 부사어와 피수식어인 서술어 사이의 호응이 자연스럽지 않은 경우이다. 이 문장에서 '심각하게'와 '달랐다'는 의미상 호응이 이루어지지 않는다. '심각하다'는 상태나 정도가 매우 깊고 중대함을 의미한다. 따라서, 비교가 되는 두 대상이 서로 같지 아니하다는 의미를 지니는 '다르다'를 수식하는 부사어로 문맥상 '많이'를 써야 한다.

2. 문법형태소의 오류

이 절에서는 문법 단위 가운데 가장 작은 의미를 지닌 형태소 중 실질적인 의미를 나타내고 있지는 않지만, 말과 말 사이 문법적인 관계를 표시하는 조사, 어미, 접미사 등 문법형태소의 오류를 살펴보고자 한다.

첫째, 조사 사용 오류이다.

(4)

ㄱ. 새천년 종합 정보관은 <u>청주대학교의</u> 가장 <u>현대식건물로써</u> 요즘 시대에 걸맞는 건물이다.
(새천년종합정보관은 <u>청주대학교에서</u> 가장 <u>현대식으로</u> 지어진 건물이다.)

ㄴ. 나는 가마를 마지막으로 박물관 관람을 마쳤으며 <u>청석재단에</u> 위대함을 느끼며 돌아오게 되었다.
(나는 가마를 마지막으로 박물관 관람을 마쳤다. 나는 오늘 <u>청석재단의</u> 위대함을 새삼 느끼며 집으로 돌아 오게 되었다.)

위의 예는 조사가 부적절하게 쓰인 예이다. ㄱ)에서 '청주대학교의'는 '-의'는 체언 뒤에 붙어 앞 체언이 관형사 구실을 하게 하며, 뒤 체언이 나타내는 대상이 앞 체언에 소유되거나 소속됨을 나타내는 격조사이다. 이곳에서는 관형격을 나타내는 조사보다는 '처소'를 나타내는 부사격 조사 '에서'가 문맥상 어울린다. 또한 '건물로써'의 '-로써'는 어떤 일의 수단이나 도구를 나타내는 격조사이다. 이곳에서는 지위나 신분 또는 자격을 나타내는 격조사 '-으로'가 맞는다. 그리고 '현대식'과 '요즘 시대'의 같은 의미의 말이 반복되고 있고, '건물'은 단어가 반복되었기에 하나씩 생략했다. ㄴ)의 '청석재단에'는 조사가 오류를 보이고 있는 예이다. 위의 예는 표기법과 발음법의 차이에서 기인한 것으로 보인다. 표준발음법 제5항 다만 4에서 단어의 첫음절 이외의 '의'는 [ㅣ]로, 조사 '의'는 [ㅔ]로 발음함을 허용하나, 표기법에서는 '의'로 적어야 한다고 되어 있다.

둘째, 어미 사용 오류이다.

(5)

ㄱ. 이번 청암, 석정 두 형제분들의 업적이 전시된 기념관 답사는 나에게 많은 교훈을 주고, 나의 생활에 대한 많은 반성을 <u>있게해주는</u> 뜻 깊은 답사 였다.
(이번 청암, 석정 두 형제분의 업적이 전시된 기념관 답사는 나에게 많은 교훈을 <u>주었고</u>, 나의 생활에 대한 많은 반성을 <u>있게 해 준</u> 뜻 깊은 답사였다.)

ㄴ. 일제의 탄압이 <u>심할터인데</u> 어찌 이러한 강한신념과 의지를 <u>가질 수있는지</u> 존경스러울따름이다.
(일제의 탄압이 <u>심했을 터인데</u> 어찌 이러한 강한 신념과 의지를 <u>가질 수 있었는지</u> 존경스러울 따름이다.)

ㄷ. 위에 말한 것 처럼 고칠것은 <u>고치며</u> 좋은 시설등 앞으로 들어올 우리들의 후배들을 위해 깨끗이 잘 보존하여야겠다고 생각한다.
(위에서 말한 것처럼 고칠 것은 <u>고치고</u>, 좋은 시설은 앞으로 들어올 우리의 후배들을 위해 깨끗이 잘 보존하여야겠다고 생각한다.)

ㄹ. 사진 밑에는 두분의 전기와 업보가 놓여 <u>있는데</u> 청주대학교를 세우기 까지의 과정이 적혀있었다.
(사진 밑에는 두 분의 전기와 유품이 놓여 <u>있었고,</u> 또한 청주대학교를 세우기까지의 과정이 적혀 있었다.)

ㄱ)에서 주어는 '기념관 답사'이고, 서술어는 '주고'와 '뜻 깊은 답사였다'이다. 두 문장이 두 가지 이상의 사실을 대등하게 벌여 놓는 연결 어미 '-고'에 의해서 연결되고 있다. 그러나 앞의 문장은 시제가 현재이고, 뒤 문장은 시제가 과거이기 때문에 대등관계가 성립되지 않고 있다. 따라서, 앞 문장의 '주고'를 과거시제선어말어미가 첨가된 '주었고'로 바꾸어야 한다. 또한 뒤 문장은 '나의 생활에 대한 많은 반성을 있게해주는'이 관형어

로서 '뜻 깊은 답사'를 수식하고 있다. 이 관형어에서 '있게해주는'에서 '-는'은 '있다, 없다, 계시다'의 어간, 동사 어간 또는 어미 '-으시-, -겠-' 뒤에 붙어 앞말이 관형사 구실을 하게 하고 이야기하는 시점에서 볼 때 사건이나 행위가 현재 일어남을 나타내는 어미이다. 그러나 박물관 답사는 이미 과거에 있었던 일이므로 문법적으로 어긋난다. 따라서 받침 없는 동사 어간, 'ㄹ' 받침인 동사 어간 또는 어미 '-으시-' 뒤에 붙어 앞말이 관형어 구실을 하게 하고, 사건이나 행위가 과거 또는 말하는 이가 상정한 기준 시점보다 과거에 일어남을 나타내는 관형사형 전성어미 '-ㄴ'이 첨가된 '있게 해 준'으로 고쳐 써야 한다. ㄴ)은 시제가 잘못 쓰인 경우이다. 일제의 탄압과 강한 신념과 의지를 가졌던 것은 과거의 상황이고, 존경스러운 것은 현재의 상황인데 모두 현재의 시제를 사용하였다. 따라서, 과거의 상황은 과거를 나타내는 과거시제선어말어미를 첨가해야 한다. 따라서 '심할터인데'는 '심했을 터인데'로 '가질수있는지'는 '가질 수 있었는지'로 고쳐 써야 한다. ㄷ)은 두 개의 문장이 연결어미 '-며'에 의하여 대등적으로 연결되고 있다. 그러나 '-며'는 두 가지 이상의 동작이나 상태 따위를 나열할 때 쓰는 연결 어미이다. 그러나 위의 문장을 보면 앞 문장과 뒤 문장이 의미적으로 계기적인 관계에 있으므로 연결어미 '-고'를 써야 한다. 또한 '위에'의 '에'는 처소임을 나타내는 격조사이다. 이 조사를 앞말이 근거의 뜻을 갖는 부사어임을 나타내는 격조사인 '에서'로 고쳐 써야 한다. '등(等)'은 그 밖에도 같은 종류의 것이 더 있음을 나타내는 말임으로, 같은 자격을 가진 말이 두 개 이상이 나열되어야 한다. 또한, '우리들의 후배들을'에서는 셀 수 있는 명사나 대명사 뒤에 붙어 '복수(複數)'의 뜻을 더하는 접미사 '-들'의 반복으로 어색하다. '우리'는 말하는 이가 자기와 듣는 이, 또는 자기와 듣는 이를 포함한 여러 사람을 가리키는 일인칭 대명사이므로 '-들'을 생략해야 한다. ㄹ)은 어미 '-는데'는 뒤 절에서 어떤 일을 설명하거나 묻거나 시키거나 제안하기 위하여 그 대상과 상관되는 상황을 미리 말할 때에 쓰는 연결 어미이다. 그러나 앞 문장과 뒤 문장이 의미상 서로 상관관계가 나타나 있지 않고, 단지 사실을 대등하게 연결하고 있다. 따라서 두 가지 이상의 사실을 대등하게 벌여 놓는 연결 어미 '-고'로 바꾸어야 한다. 앞 문장에서 '전기와 업보'에서 '업보(業報)'는 불교 용어로 선악의 행업으로 말미암은 과보(果報)로 의미상 적절하지 않은 어휘가 선택되었다.

(6)
ㄱ. 박물관 2층은 우리가 알고 있던 여느 박물관과 같은 <u>역사의 유물들이</u> 전시 되어 있었다.
(박물관 2층은 우리가 알고 있던 여느 박물관과 같은 <u>역사적 유물들이</u> 전시되어 있었다.)
ㄴ. 그래서 1924년 3월1일 부터 <u>설립 하여</u> 현재까지 이어왔다는 것을 알았다.
(그래서 1924년 3월 1일에 <u>설립되어</u> 현재까지 이어왔다는 것을 알았다.)

ㄱ)에서 '역사의 유물'은 의미적으로 부적절하다. '의'는 앞 체언이 관

형사 구실을 하게 하며, 뒤 체언이 나타내는 대상이 앞 체언에 소유되거나 소속됨을 나타내는 격조사이다. 그러나 위 문장에서는 소유와 소속의 의미보다는 '역사'와 관련된 의미의 문법형태소가 쓰어야 한다. 따라서 주로 한자어(漢字語) 명사 뒤에 붙어, '그런 상태로 된, 그런 성질을 띤, 그것에 관계된' 등의 뜻을 나타내는 접미사 '-적(的)'이 쓰어 '역사적 유물'로 고쳐 써야 한다. ㄴ) '-하다'는 능동적인 주어를 필요로 하는 접미사이다. 그러나 위의 문장은 생략된 주어가 '청주대학교'이므로 서술성을 가진 일부 명사 뒤에 붙어 '피동'의 뜻을 더하고 동사를 만드는 '-되다'로 고쳐 써야 한다. 그리고 '부터'는 출발의 의미를 나타내는 보조사이므로 앞말이 시간의 부사어임을 나타내는 부사격 조사 '-에'로 고쳐 써야 한다.

Ⅲ. 의미적 오류

문장 구성면에서는 많은 오류가 없다고 하더라도 의미상으로 표현하고자 한 것과는 상반된 표현으로 나타난 것이 있다. 이곳에서는 논리적으로 표현이 어색하거나, 어휘가 적절하게 선택되지 않았거나, 같은 의미가 반복적으로 사용된 것들을 대상으로 하였다.

1. 어색한 표현

첫째, 어휘의 의미가 문맥에 통하지 않거나 어색한 표현으로 문장의 의미가 자연스럽지 않은 경우이다.

(7)
ㄱ. 조국과 민족을 구하는 길은 오직 교육뿐이라는 <u>신념으로 형상화 되어</u> 청석학원이라는 거대한 교육구국의 산맥을 일으켜 세운 것이다.
(조국과 민족을 구하는 길은 오직 교육뿐이라는 <u>신념이</u> 거대한 교육구국의 산맥인 청석학원으로 <u>형상화된 것이다.</u>)
ㄴ. 그리고 국가재정 확보를 위한 자진납세에 있어 공헌한바 타의 모범이 되어 <u>충청북도지사가 공로표창장을 주신 것도 있다.</u>
(그리고 전시실에는 국가재정 확보를 위한 자진 납세에 공헌한 바 타의 모범이 되어 <u>충청북도지사가 주신 공로표창장도 있었다.</u>)
ㄷ. 그 중에 가장 많은 관심을 끌었던 것은 바로 <u>자기나 백자같은 전시품 이었다.</u>
(그 중에 가장 많은 관심을 끌었던 것은 바로 <u>백자나 청자 같은 자기였다.</u>)

ㄱ)은 문맥이 어색하여 모호하게 전달되는 예이다. '조국과 민족을 구하는 길은 오직 교육뿐이라는 신념으로 형상화되어'어는 의미가 어색한 부분이다. '형상화(形象化)'는 형체로는 분명히 나타나 있지 않은 것을 어떤 방법이나 매체를 통하여 구체적이고 명확한 형상으로 나타낸 것을 말하기

때문이다. '신념'은 무형인 것이기 때문에 '형상화'되었다는 것은 어색한 표현이다. 따라서, 이 문장에서는 무형의 '신념'이 유형의 '청석학원'으로 구체적인 형태로 형상화된 것으로 나타내야 한다. ㄴ)에서 "충청북도지사가 공로표창장을 주신 것도 있다"의 문장은 의미적으로 어색하다. 이 문장의 주어는 '것도'이고 서술어는 '있다'이다. 이 '있다'의 대상이 '충청북도지사가 공로표창장을 주신 것'이 아니라, 충청북도지사가 공로를 인정하여 준 공로표창장이 있는 것이다. 따라서, 이 부분을 '충청북도지사가 주신 공로표창장도 있었다'로 고쳐 써야 한다. 그리고 '자진납세에 있어 공헌한바'는 구어적인 표현이다. '-에 있어'는 주로 '-에/에게 있어서' 구성으로 쓰여 앞에 오는 명사를 화제나 논의의 대상으로 삼은 상태를 나타내는 말이다. 이것은 주로 구어적인 표현으로, 문어적 표현인 '에, 에게, 에서'의 뜻을 나타낸다. 따라서, '자진 납세에 있어'를 '납세에'로 고쳐 써야 한다. ㄷ)은 '자기나 백자같은 전시품 이었다'가 의미상 어울리지 않다. 이 문장은 받침 없는 체언이나 부사어 뒤에 붙어 둘 이상의 사물을 같은 자격으로 이어 주는 접속 조사 '나'에 의해서 '자기'와 '백자'가 이어지고 있다. 그러나 '백자'는 순백색의 바탕흙 위에 투명한 유약을 발라 구워 만든 자기로 자기의 한 종류이다. '자기'와 '백자'는 같은 자격이 아니고, '백자'는 '자기'의 하위어이다. 따라서, '백자'와 같은 자격을 가질 수 있는 사물을 써야만 의미상 옳은 문장이 된다. 예를 들면, '백자나 청자 같은 자기였다'로 쓰는 것이 적합하다.

  둘째, 어순이 잘못되었거나 의미의 수식 관계가 잘못된 경우이다.

(8)
ㄱ. 그리고 애국, 근면, 자립, 봉사, 준법의 <u>교육 다섯개의 지침이</u> 쓰여져 있는 액자 등을 볼 수 있었다.
(그리고 애국, 근면, 자립, 봉사, 준법의 <u>다섯 개의 교육지침이</u> 쓰여져 있는 액자를 볼 수 있었다.)
ㄴ. 안으로 들어가서 맨처음 눈에 띈 것은 청주대 설립자이신 <u>김원근, 김영근 선생님들과 연혁등</u> 이었다.
(박물관 안으로 들어가서 맨 처음 눈에 띈 것은 청주대 설립자이신 <u>김원근, 김영근 선생님들의 유품과 학교의 연혁</u> 등이었다.)

ㄱ)에서 '교육 다섯개의 지침이'는 어순이 잘못되어 있다. 어순이 수관형사가 앞에 놓이고, 단위를 나타내는 의존명사가 뒤에 놓이며 '다섯 개의'의 관형어가 교육지침을 수식해 주므로 '다섯 개의 교육지침이'로 고쳐 써야 한다. 또한 의존명사 '등'은 같은 자격을 가진 말이 두 개 이상 나열될 때 쓰이므로 생략한다. ㄴ)은 '김원근, 김영근 선생님들과 연혁 등'에서는 의미의 수식관계가 잘못되었다. 의미상으로 보면 '김원근, 김영근 선생님'에 관련된 유품, 기록물 등을 볼 수 있을 것이고, '연혁'은 학교의 지나온 발자취를 적은 과정일 것인데, 대상의 구체적인 언급이 없다.

2. 부적절한 어휘

문법적으로는 아무런 문제가 없지만 앞뒤 문맥에 어울리지 않는 어휘를 사용하여 의미적으로 부적절한 경우이다.

(9)

ㄱ. 청암선생님과 석정선생님 께서는 교육만이 나라를 살리는 길이라 생각 하셨기 때문에 석유장사로 어렵고 힘들게 모은돈으로 학교 설립에 가담 하셨다.

(청암 선생님과 석정선생님께서는 교육만이 나라를 살리는 길이라 생각하셨기 때문에 석유장사로 어렵고 힘들게 모은 돈으로 학교를 설립하셨다.)

ㄴ. 나는 이 학교의 살아 숨쉬는 역사의 소중한 증거인이신 청주대학교 설립자 청암 김원근·석정 김영근 선생의 업적과 가치관을 서슴없이 자랑스럽게 이야기 할 것이다.

(나는 청주대학교의 터전을 마련해 주신 청암 김원근 선생님과 석정 김영근 선생님의 업적과 가치관을 서슴없이 자랑스럽게 이야기할 것이다.)

ㄷ. 박물관은 총 두개의 층으로 나누어져 있었다.
(박물관은 총 2층으로 이루어져 있었다.)

ㄹ. 교육구국을 이룩하려던 건국이념을 이루기보다 학점채우기에 급급한 우리들을 보면 청석학원의 학생으로서 자부심을 잃은것같아 아쉽다.

(교육구국을 이룩하려던 건학이념을 실현하기보다 학점 채우기에 급급한 우리들을 보면 청석학원의 학생으로서 자부심을 읽은 것 같아 아쉽다.)

ㅁ. 햇빛이 쨍쨍 빛히는 오후에 박물관을 들어갔는데 너무 시원해서 좋았다.

(햇볕이 쨍쨍 내리쬐는 오후에 박물관에 들어갔는데 너무 시원해서 좋았다.)

ㅂ. 창시자분의 노력과 열정이 없었다면 지금의 우리는 존재 하지 못했을 것이다.

(설립자분의 노력과 열정이 없었다면 지금의 우리는 존재하지 못했

을 것이다.)
  ㅅ. 그 <u>다음관을</u> 가니 다른 박물관과 마찬가지로 옛날에 우리 선조들이 썼던 소품들이 진열되어 있었다.
  (<u>그다음 전시실을</u> 가니 다른 박물관과 마찬가지로 옛날에 우리 선조들이 썼던 소품들이 진열되어 있었다.)
  ㅇ. 주로 우산, 지팡이, 고무신, 모자등이 있었는데 거부 이시 면서도 검소한 <u>생활사를</u> 느낄수 있었다.
  (주로 우산, 지팡이, 고무신, 모자 등이 있었는데 거부이시면서도 검소한 <u>생활상을</u> 느낄 수 있었다.)
  ㅈ. 조선시대의 <u>문물들이</u> 많이 전시되어 있었다.
  (조선시대의 <u>유물들이</u> 많이 전시되어 있었다.)

  ㄱ)의 주어는 '청암 선생님과 석정 선생님'이고, 서술어는 '가담하셨다'이다. '가담(加擔)하다'는 같은 편이 되어 일을 함께 하거나 도움의 뜻을 가진 말로 의미상 적합하지 않다. 따라서, 목적어를 '학교'로 서술어를 '설립하셨다'로 바꾸어야 의미가 명확하다. ㄴ)에서 '증거인(證據人)'은 '증인(證人)'의 의미이다. '증인'은 어떤 사실을 증명하는 사람의 의미로 예를 들면, '역사의 산 증인이다'는 지난 시간을 함께 하면서 일어났던 이야기를 증명할 수 있는 사람이 바로 증인이다. 위의 문장은 설립자들이 청주대학교 역사의 증인이라고 볼 수 없다. 설립자분들은 학교의 자리를 잡은, 또는 살림의 근거지가 되는 터전을 마련해 주신 분들이 아닐까 생각한다. ㄷ)에서 '총 두개의 층'은 어휘가 부적절하게 사용되었다. '개(個)'는 낱으로 된 물건을 세는 단위이다. 수량을 나타내는 말 뒤에 쓰여 위로 포개어 지은 건물에서, 같은 높이의 켜를 세는 단위는 '층(層)'이므로 '2층'으로 고

쳐 써야 한다. ㄹ)에서는 '교육구국을 이룩하려던 건국이념을 이루기보다'에서 보면 '건국(建國)'은 나라를 세우는 것을 말하므로 어휘가 부적절하다. 학교를 세운 것이므로 '건학(建學)'으로 바뀌어야 한다. 또한 '이루다'보다는 꿈, 기대 따위를 실제로 이루는 뜻을 나타내는 '실현하다'로 바꾸는 것이 적절하다. ㅁ)의 '빛히는'은 발음의 유사성으로 인하여 어휘가 잘못 사용된 예이다. 그러나 '비치는'보다는 '볕 따위가 세차게 아래로 비치다'의 뜻을 갖는 '내리쬐다'가 의미상 더 어울린다. '햇빛'은 단지 '해의 빛'의 의미이다. '햇볕'은 '해가 내리쬐는 뜨거운 기운'으로 부사 '쨍쨍'과 어울리는 단어는 '햇볕'이 어울린다. 또한 '박물관을'에서 격조사 '을'은 잘못 선택되었고, 처소를 나타내는 부사격 조사 '에'가 쓰여야 한다. ㅂ)은 '창시자(創始者)'는 어떤 일을 처음 시작한 사람을 일컫는데, 문맥상 학교를 세운 것을 의미하므로, 어떤 기관이나 조직체로 새로 만든 사람의 의미인 '설립자(設立者)'로 고쳐 써야 한다. ㅅ)에서 '관(館)'은 접미사로 어떤 기관이나 건물의 이름을 나타내는 말이다. 예를 들면, '대사관', '도서관', '박물관', '영화관' 등으로 쓰이므로 잘못 선택된 어휘이다. 따라서 이곳에서는 일정한 목적에 쓰이는 방을 뜻하는 말인 접미사 '-실(室)'이 결합된 '전시실(展示室)'로 바뀌어야 한다. ㅇ)에서 '생활사'는 잘못된 어휘 선택이다. '생활사(生活史)'는 생물의 개체가 발생하여, 생육 후 다음 세대(世代)를 만들고 죽을 때까지의 생활 과정을 일컫는다. 즉 문맥에서는 설립자 분들의 생활해 나가는 모양을 지칭하므로 '생활상(生活相)'이 적절하다. ㅈ)에서 '문물(文物)'은 문화의 산물인 종교, 예술, 학문, 정치, 경제, 법률

등을 총칭하는 말로 전시될 수 없다. 따라서 위 문장에서는 선대의 인류가 후세에 남긴 물건의 의미를 지닌 '유물(遺物)'로 고쳐야 한다.

3. 동의반복

이 절에서는 같은 의미 또는 같은 단어가 반복됨으로써 표현이 어색하거나 잘못된 표현을 알아보고자 한다. 이것은 특별한 이유 없이 유사한 의미를 나타내는 표현이 되풀이되어 의미적인 잉여성이 발생하는 경우들이다.

첫째, 같은 의미의 어휘가 반복이 되어 표현이 어색한 경우이다.

(10)
ㄱ. 대학에 <u>처음 입학해서는</u> 건물을 잘 구분하지 못해서 헤메었던 기억이 있다.
(대학에 <u>입학해서는</u> 건물을 잘 구분하지 못해서 헤매었던 기억이 있다.)
ㄴ. 이 전시실 앞에는 두분의 어렸을적 모습이 담긴 사진과 <u>졸업한 학교의 졸업장이</u> 전시되어 있다.
(이 전시실 앞에는 두 분의 어렸을 적 모습이 담긴 사진과 <u>학교의 졸업장이</u> 전시되어 있다.)
ㄷ. 그리고 <u>나가는 출구에서</u> 가마가 있었다.
(그리고 <u>출구에</u> 가마가 있었다.)

ㄱ)에서 '대학에 처음 입학해서는'의 의미가 적절하지 않다. '처음'이 '입학'을 수식하고 있는데, '입학(入學)'은 학교에 들어가 학생이 되는 첫 시점을 나타낸다. 따라서, 시간적으로나 순서상으로 맨 앞을 의미하는 말인 '처음'과는 의미가 중복이 된다. 따라서 '대학에 입학해서는'으로 고쳐 써야 한다. ㄴ)에서 '졸업한 학교의 졸업장'은 의미가 어색하다. '졸업장(卒業狀)'은 졸업한 사항을 적어 졸업생에게 주는 증서이다. 즉, '졸업한 학교의 졸업장'은 의미의 중복으로 '학교의 졸업장'으로 바뀌어야 한다. ㄷ) 문장도 의미가 중복이 된다. '나가는'과 '출구'가 의미가 반복됨으로 '나가는'을 생략해야 한다. 예를 들면 '역전(驛前) 앞에서 만나자'와 같은 구조이다.

둘째, 같은 단어가 반복이 되어 표현이 어색한 경우이다.

(11)
ㄱ. 일단 상태의 보존상태는 거의 완벽한 상태에 있는 것을 보고 무지하게 오래된 것이 이렇게 까지 남아있을수 있나 하는 생각이 들었다.
(일단 유물들의 보존상태가 거의 완벽한 것을 보고 '무지하게 오래된 것이 이렇게까지 남아 있을 수 있나?' 하는 생각이 들었다.)
ㄴ. 글쓰는데 소질이 없는데 가끔 이런과제를 하는것도 좋은 경험인것 같다.
(글쓰기에 소질이 없는데 가끔 이런 과제를 하는 것도 좋은 방법인 것 같다.)
ㄷ. 공강 시간에 할 일이 없어 머 할까 생각 하다가 박물관이 생각 났다.

(강의가 없는 시간에 할 일이 없어 '머 할까?' <u>고민하다가 박물관이 생각났다.</u>)

ㄱ)에서 '상태의 보존상태는 거의 완벽한 상태에 있는 것을'은 문맥이 부적절하다. 이 절은 커다란 절 안에 작은 절이 포함되어 있는 문장이다. 그러나 작은 절 '상태의 보존상태는 거의 완벽한 상태에 있는'이 '것을'을 수식하고 있다. 그러나 이 문장에서 관형사절은 같은 단어가 반복되어 쓰임에 따라 어색하다. 따라서, 문맥을 자연스럽게 하기 위하여 문장을 재배열하면 '유물들의 보존상태가 거의 완벽한'으로 고쳐 써야 한다. 또한 '무지하게 오래된 것이 이렇게까지 남아 있을 수 있나'는 마음속으로 한 말을 적은 것으로 작은따옴표와 감탄을 나타내므로 느낌표를 찍어야 한다. ㄴ)은 '글쓰는데 소질이 없는데'는 '일, 것, 경우'의 뜻을 나타내는 의존명사 '데'의 반복으로 문맥의 흐름이 자연스럽지 못하다. 또한 '경험(經驗)'보다는 글쓰기에 소질이 없는 필자가 글쓰기를 잘할 수 있는 하나의 수단이 견학을 통한 것이기 때문에 '방법'이란 단어가 문맥상 적절하다. ㄷ)에서는 '생각하다'가 반복적으로 사용되어 표현이 어색하다. 또한 '생각하다가'와 '생각났다'가 반복되므로 앞의 단어를 '고민하다가'로 고쳐 주면 의미적으로 잘 어울린다. 그리고 마음속으로 한 말을 적을 때에는 작은따옴표를 쓴다. '공강'은 대학생들이 강의가 없는 시간을 가리키는 말이다. 이것은 대학생들이 어휘 사용 특성 중 축약어를 많이 사용하는 특성을 보여주고 있다.

Ⅳ. 문장부호의 오류

문장부호는 문장의 뜻을 돕거나 문장을 구별하여 읽고 이해하기 쉽도록 하기 위하여 쓰는 여러 가지 부호이다. 이것은 문장에서 다양한 의미를 전달하는 요소로 또한 의미의 모호성을 해소하는데 중요한 역할을 한다.

첫째, 마침표의 오류이다.

(12)
ㄱ. 두 분의 노력은 실로 <u>대단했다!</u>
(두 분의 노력은 실로 <u>대단했다.</u>)
ㄴ. 작년 내가 잠시 서울에서 재수를 하고 있을 때 한 친구가 <u>네가 살던 곳에는 뭐가 있느냐</u> 라고 물은적이 있다.
(작년 내가 잠시 서울에서 재수를 하고 있을 때 한 친구가 "네가 살던 곳에는 뭐가 있느냐?" 라고 물은 적이 있다.)

ㄱ)에서 마침표를 감탄이나 놀람, 부르짖음, 명령 등 강한 느낌을 나타내는 '!'를 썼으나 이곳에서는 서술, 명령, 청유를 나타내는 온점(.)을 써야 한다. ㄴ)에서는 '네가 살던 곳에는 뭐가 있느냐'는 남의 말을 인용한 경우로 큰따옴표("")를 써야 하고, 물음을 나타내므로 물음표를 써야 한다.

둘째, 쉼표의 오류이다.

(13)
ㄱ. 그중에서도 돌화살촉, 가마, 백자청화나비무늬병<u>, 등이</u> 기억에

가장 남는다.
　(그 중에서도 돌화살촉, 가마, 백화청화나비무늬병 <u>등이</u> 기억에 가장 남는다.)
　ㄴ. 형제분은 일제치하에서 우리나라가 독립을 하려면 민족의 힘을 길러야 하고 힘은 배움으로 구할 수 있다는 '교육구국'의 신념으로 육영의 횃불을 들었다.
　(형제분은 일제치하에서 우리나라가 독립을 하려면 민족의 힘을 길러야 <u>하고,</u> 힘은 배움으로 구할 수 있다는 '교육구국'의 신념으로 육영의 횃불을 들었다.)
　ㄷ. <u>박물관.</u> 박물관이라는곳 어릴때부터 숙제다 견학이다 하면서 많이도 들락거렸다.
　(<u>박물관,</u> 어릴 때부터 숙제다 견학이다 하면서 많이도 들락거렸다.)

　ㄱ)에서 같은 자격의 어구가 나열될 때에는 반점(,)을 찍으나, 의존명사 '등' 앞에서는 찍지 않는다. ㄴ)은 대등하거나 종속적인 절이 이어질 때에 반점을 찍는다. 따라서 '힘을 길러야 하고,'로 써야 한다. ㄷ)은 제시어 다음에 반점(,)을 쓴다.
　셋째, 따옴표의 오류이다.

　(14)
　ㄱ. 마지막으로 두 형제분이 강조하신 <u>뜻있는 사람이 되어라. 남을 사랑하는 사람이 되어라. 튼튼한 사람이 되어라. 남에게 의지하지 말라. 생각하는 사람이 되어라.</u> 라는 말을 가슴에 새겨 본다.
　(마지막으로 "<u>뜻있는 사람이 되어라. 남을 사랑하는 사람이 되어라. 튼튼한 사람이 되어라. 남에게 의지하지 말라. 생각하는 사람이 되어라</u>" 라는 말을 가슴에 새겨 본다.)

ㄴ. 아마도 박물관이 나에게 작은 선물을 준것이 아닐까?란 생각도 들었다.
('아마도 박물관이 나에게 작은 선물을 준 것이 아닐까?' 라는 생각도 들었다.)
ㄷ. 〈박물관을 다녀와서〉
('박물관'을 다녀와서)

ㄱ)에서 남의 말을 인용할 경우에 큰따옴표("")를 쓴다. ㄴ)에서는 마음 속으로 한 말을 적은 것으로 작은따옴표('')를 써야 한다. ㄷ)은 중요한 부분을 두드러지게 하기 위해 드러냄표 대신에 작은따옴표를 쓴다.
넷째, 안드러냄표의 오류이다.

(15)
ㄱ. 그 분들의 작은 희생으로 매년 청석재단에서 배출하는 인재들……
(그분들의 작은 희생으로 매년 청석재단에서 배출하는 인재들…….)
ㄴ. 제목 : 청대박물관을 다녀와서…
(제목 : 청대박물관을 다녀와서…….)

할 말을 줄였을 때와 말이 없음을 나타낼 때에 줄임표를 쓴다. 이 줄임표는 2칸부호로 원고지 1칸에 3개씩 6개를 써야 하며, 문장의 중간에 써야 한다.

Ⅴ. 결론

 우리가 말하는 '좋은 글'이란 생각의 흐름이 순조롭게 잘 표현된 글을 말한다. 다르게 말하면 생각이 조리 있고 논리적으로 잘 표현된 글이 좋은 글이라고 할 수 있다.
 대학생들의 문장 사용 오류는 다양하게 나타나고 있었다. 문장 사용 오류는 하나의 문장에 간단히 한두 개의 오류만 발견되지 않았다. 오류가 나타나 있는 문장의 대부분은 여러 유형의 오류들이 복합되어 있는 경우가 더 많았다. 본 논문에서는 크게 문법적 오류, 의미적 오류, 문장부호 오류로 구분하여 살펴보았다.
 본 논문의 결과를 정리하면 다음과 같다.
 첫 번째, 문법적 오류이다. 문법적 오류는 첫째, 문장성분 간의 불호응이다. 한 문장을 이루는 성분들 간의 호응관계로, 주어와 서술어, 목적어와 서술어의 호응관계를 살펴보았다. 그리고 수식어와 피수식어의 관계로 한 문장의 수의적 성분인 관형어와 부사어의 쓰임이 잘못된 오류를 살펴보았다. 둘째, 말과 말 사이에서 문법적인 관계를 표시하는 조사, 어미 등의 문법형태소가 잘못 사용된 오류를 살펴보았다.
 두 번째, 의미적 오류이다. 이 부분에서는 첫째, 문장 구성에 있어서는 오류가 없으나 어휘가 가지고 있는 용법이 잘못 쓰이어 생기는 어색한 표현을 살펴보았다. 둘째, 문장 안에서 문맥에 맞지 않는 부적절한 어휘가 선택되어 의미가 모호한 경우를 살펴보았다. 셋째, 같은 의미 또는 같은 말이 반복이 되어 의미가 어색하여 모호한 경우를 살펴보았다.

세 번째, 문장부호의 오류이다. 문장의 뜻을 돕거나 문장을 구별하여 읽고 이해하기 쉽도록 하기 위하여 쓰이는 여러 문장부호들의 오류를 살펴보았다.

따라서, 글을 논리적으로 잘 표현하려면 문맥에 맞는 어휘를 적절하게 골라 쓸 수 있어야 하며, 문법에 맞는 정확한 문장을 구사할 줄 알아야 하고, 정확한 문장부호를 사용할 줄 알아야 한다.

현대는 컴퓨터의 등장으로 인하여 우리는 정보화 사회를 살아가고 있다. 정보화 사회에서는 정보 전달 매체가 급속도로 발전하면서 다양화되고 있는데, 이런 시대일수록 자신의 생각을 말이나 글로써 정확하고 효과적으로 표현하는 능력은 필수적이다. 특히, 글은 우리가 복잡하게 전개되는 세계를 인식하는 행위이면서, 자기의 전부를 드러내는 행위라 할 수 있기 때문에 더욱더 세심한 배려가 요구되고 있다. 이러한 글쓰기에 있어서 올바른 규범과 의미를 바르게 인식함으로써 보다 정확하고 신속하게 우리의 생각을 표현할 수 있지 않을까 생각한다.

제2장

어 휘

Ⅰ. 서론

 현대는 많은 정보들이 홍수와 같이 우리들에게 밀려오고 또 그 정보를 떠나서는 온전한 사회생활을 해 나갈 수 없을 정도가 되었다. 이러한 수많은 정보들은 시각적인 수단인 문자를 통하여 우리에게 전달되고 있다. 이러한 상황에서 올바른 언어규범을 통한 언어생활은 더욱더 중요시되고 있다.
 글은 자기의 생각을 다른 사람에게 전달하기 위해 쓰는 것인데, 생각을 담고 있는 의미의 최소 단위가 단어이고, 단어의 집합 개념이 어휘이다. 하나 이상의 단어가 모여 한 문장이 되고, 하나 이상의 문장이 모여 한 단락이 되며, 하나 이상의 단락이 모여 한 편의 글이 된다. 즉, 좋은 글을 쓰기 위해서는 단어의 정확한 뜻을 알고, 어문 규범에 맞는 정확한 어휘를 사용해야 한다.

정서법에 맞춰 글을 쓴다는 것은 단순히 올바른 낱말 사용의 의미를 넘어서 사고의 정확성과 깊이를 좌우하는 근원적인 힘을 가지고 있기 때문이다.

필자는 청주대학교 학생들의 언어 사용 양상에 대한 실태를 조사하기 위하여 '대학인의 글쓰기' 과제로 청주대학교 박물관 답사기[1]를 부여하였다. 본 논문은 이 과제를 교정하면서 어휘에 관련된 구어적인 표현 및 어형의 오류 현상을 분석한 것이다.

이러한 어휘에 관련된 사용 양상을 분석함으로써, 본 논문은 학생들의 언어 사용 양상에 대한 문제점을 인식하고, 이에 대한 개선노력을 고취하고자 하는데 목적을 두고자 한다.

II. 준말

준말이란 '단어나 단어처럼 기능하는 구 차원의 어떤 언어 형식에서 두 음절이 의미변화를 초래하지 않으면서 두 개 이상의 음운이 합쳐지면서,

---

[1] 기존의 대학생들의 언어사용 양상에 관련된 연구는 조사할 항목이 미리 정해진 설문지를 통한 직접 또는 간접 조사방법이 주를 이루었다. 그러나 본 논문은 학생들의 일상의 글쓰기를 통한 자연스러운 자료를 수집하기 위하여 답사기를 부여한 것이다. 따라서, 본 논문의 예문은 어휘 및 문장구성의 오류가 나타나는 문장을 그대로 인용하고, 필요한 항목은 밑줄로 구분하였다.

본래의 어형보다 줄어들어 형성된 언어형식'이라 정의할 수 있다.(송철의 1993, 이재현 2005) 준말은 한글맞춤법에서 본말과 같이 사용되고 있으나, 원형식보다는 훨씬 더 구어적이다.

(1)
ㄱ. 과제가 아닌 순수한 <u>맘은</u> 없었지만……. (맘은 → 마음은)
ㄴ. 들어가서 <u>첨부터</u> 놀랬다. (첨부터 → 처음부터)
ㄷ. 나도 <u>이담에</u> 커서 넉넉한 생활을 유지하고 있다면 많은 사람을 도와주고 싶다. (이담에 → 이다음에)
ㄹ. 그 안에 <u>뭐가</u> 있고 왜 있는지 그 이유를 몰랐었다. (뭐가 → 무엇이)

(1)의 예는 하나의 단어가 음절이 준 형태이다. '맘, 첨, 이담, 뭐'는 '마음, 첨, 이다음, 무엇 또는 무어'의 준말이다.

(2)
ㄱ. 힘든 시절 밑바닥 부터 시작해 그런 애국정신 하나로 학원 설립에 몸을 받혔으며 <u>그게</u> 바로 지금의 청주대학교가 존재하는 이유였다. (그게 → 그것이)
ㄴ. 겉으로만 <u>판단할게</u> 아니라 실제로 보고 느껴야 한다는 것을 배웠다. (판단할게 → 판단할 것이)

(2ㄱ)의 '그게'는 대명사 '그것'과 격조사 '이'가 결합하여 준 형태이다. (2ㄴ)은 의존명사 '것'과 격조사 '이'가 결합하여 준 형태이다. 한글맞춤법 제33항에서는 "체언과 조사가 결합할 때 어떤 음이 줄어지거나 음절의 수

가 줄어지는 것은 그 준 대로 적는다" 라고 되어 있다.

(3)
ㄱ. 처음 우릴 반긴 것은 1924년 청석학원, 지금의 청주대학교의 모체를 설립하신 김원근, 김영근 두 형제분이셨다.(우릴 → 우리를)
ㄴ. 이런 역사가 있었는지 알지도 알수도 없었던 나는 왜 이제야 여길 왔는지 한심한 생각도 들었다.(여길 → 여기를)
ㄷ. 두 분의 모습은 더 인간적, 민족적, 위대한 선각자이신걸 알게 되었다.(선각자이신걸 → 선각자이신 것을)

(3)의 예도 체언과 조사가 결합한 형태이다. (3ㄱ)의 '우릴'은 대명사 '우리'와 격조사 '를'의 준말이고, (3ㄴ)의 '여길'은 대명사 '여기'와 격조사 '를'의 준말이다. (3ㄷ)의 '걸'은 의존명사 '것'과 격조사 '을'의 준말이다. 격조사의 준 형태인 'ㄹ'은 받침 없는 체언 뒤에 붙어 동작이 미치는 직접적 대상을 나타내거나, 행동의 간접적인 목적물이나 대상임을 나타내는 격조사이다. 이것은 '를, 을'보다 더 구어적이다.

(4)
ㄱ. 난 단지 우리가 알고 있는 유물들이 나열되어 있을 줄 알았는데 다 착각이었다.(난 → 나는)
ㄴ. 도전과 응전, 검소, 질박, 사랑으로 인간에의 길을 실천한 설립자분들의 침묵하는 교시에 우린가슴을 열고 거듭나야한다.(우린가슴을 → 우리는 가슴을)
ㄷ. 하지만 이젠 그때 그렇게 생각 했던 것이 후회스럽다.(이젠 → 이제는)

ㄹ. 햇빛이 쨍쨍 찌는 날씨여서 박물관에 막 들어섰을 땐 시원함을 느낄 수 있었다.(땐 → 때는)
ㅁ. 일제에게 지배되고있는 현실이었기에 당시 <u>가장필요한건</u> 민족교육임이 당연한것이었다.(가장필요한건 → 가장 필요한 것은)
ㅂ. <u>거기엔</u> 두 분이 하신 업적에 관해 세부적으로 정리되있었다.(거기엔 → 거기에는)
ㅅ. <u>한편으론</u> 아쉽다는 생각이 들었다.(한편으론 → 한편으로는)
ㅇ. <u>나에겐</u> 너무나 큰 충격으로 다가왔고 내가 그 동안 학교에 너무 무관심하고 소홀했던 것 같았다.(나에겐 → 나에게는)
ㅈ. 우리나라가 독립을 하기 <u>위해선</u> 민족의 힘을 길러야 한다고 생각하셨다.(위해선 → 위해서는)
ㅊ. 그러나 내가 강의를 들으러 가는 길에 있는 건물이 청석기념관인 것을 알곤 난 매우 놀랐다.(<u>알곤</u> → 알고는)
ㅋ. 정작 학업을 핑계로 완공이 되었어도 <u>가보진</u> 않았다.(가보진 → 가보지는)

(4)의 'ㄴ'은 받침 없는 체언 뒤에 붙어 문장 속에서 어떤 대상이 화제임을 나타내는 보조사이다. 'ㄴ'은 받침 없는 체언이나 부사어, 연결 어미 '-아, -게, -지, -고', 합성 동사의 선행 요소 따위의 뒤에 붙어 어떤 대상이 다른 것과 대조됨을 나타낸다. 또한, 받침 없는 체언이나 부사어, 일부 연결 어미 뒤에 붙어 강조의 뜻을 나타낸다. 이것은 본말 '는'보다 더 구어적이다.

(5)
ㄱ. 청석학원의 역사적 산물(예를 들어 1회 졸업사진 같은 것들)도

전시해놔서 많은것을 느낄수 있었다.(<u>전시해놔서</u> → 전시하여 놓아서)
  ㄴ. 처음에는 학교에 있는지도 몰랐는데 가서 보니 예상 외로 잘 <u>해 논것</u> 같았다.(해논것 → 해놓은 것)

(5ㄱ)의 '전시해'는 '전시하여'가 준 말이다. 한글맞춤법 제34항 붙임 2를 보면 '하다'는 '여'불규칙 용언이므로, '하아'로 되지 않고, '하여'로 된다. 이 '하여'가 한 음절로 줄어진 형태는 '해'로 적는다.
(5ㄱ)의 '놔서'는 '놓아서'가 준 말이다. 한글맞춤법 제35항 붙임 1를 보면, 예컨대 '좋다'의 어간 '좋-'에 어미 '-아'가 붙으면 '좋아'가 되는데, 이 '좋아'가 줄어져서 '좌'가 되지는 않는다. 그러나 '놓다'(규칙 동사)의 경우는

(6)
  ㄱ. 놓아→(노아→)놔
  ㄴ. 놓아라→(노아라→)놔라
  ㄷ. 놓았다→(노았다→)놨다

처럼, 어간 받침 'ㅎ'이 줄면서 두 음절이 하나로 줄어진다. 그리하여 '놓다'의 경우는 예외적인 형식을 인정하고 있다. (5ㄴ)의 '논'은 '놓은'의 준 형태이다.

(7)
  ㄱ. 한번씩 <u>봤던</u> 것 들이라 그냥 아까 대충 <u>봐서</u> 자세히 읽지 못했던 설명들을 하나씩 읽었다.(봤던 → 보았던, 봐서 → 보아서)

ㄴ. 난 지금까지 내 인생의 성공과 영화를 위해서 나 자신을 <u>가꿔왔다.</u>(가꿔왔다 → 가꾸어 왔다)
　ㄷ. 박물관을 안가본 학생이 있다면 꼭 추천해 <u>줘야겠다.</u>(줘야겠다 → 주어야겠다)

한글맞춤법 제35항 모음 'ㅗ, ㅜ'로 끝난 어간에 '-아/어, -았-/-었-'이 어울려 '왔/웠'으로 될 적에는 준 대로 적는다. (7)의 '봐, 가꿔, 줘'는 모음 'ㅗ, ㅜ'로 끝난 어간에 '-아/어'가 결합하여 준 형태이다. (7ㄱ)의 '봤-'은 모음 'ㅗ, ㅜ'로 끝난 어간에 '-았-'이 결합하여 준 형태이다.

(8)
　너무 깔끔하고 잘 <u>돼있는</u> 시설을 해놓고 있었기 때문이다.(돼있는 → 되어 있는)

(8)의 '돼'는 '되어'의 준말이다. 한글맞춤법 제35항 붙임 2에서 'ㅚ' 뒤에 '-어, -었-'이 어울려, 'ㅙ, 왰'으로 될 적에 준 대로 적는다라고 되어 있다.

(9)
　ㄱ. 이 처럼 청대 박물관에는 청주 박물관, 흥덕사지 고인쇄 박물관 못지 않게 여러가지 유물이 많고 <u>오랫만에</u> 박물관을 자세히 구경하고 감상문을 쓰니 초등학교 기분이나서 좋았고, 다른 박물관 만큼 좋으니 자주 구경해야겠다.(오랫만에 → 오랜만에)
　ㄴ. <u>어쨋든</u> 난 청대박물관 건물에 첫발을 내딛었다.(어쨋든 → 어쨌든)

(9ㄱ)의 '오랫만'은 '오랜만'의 잘못된 어형이다. '오랜만'은 '오래간만'의 준말이다. (9ㄴ)의 '어쨋든'의 정확한 어형은 '어쨌든'이다. '어쨌든'은 '어찌하였든', '어찌 되었든'의 준말이다.

(10)
하지만 나의 기대완 달리 내가 원하는 대학에 떨어졌고 재수를 <u>하겠단</u> 생각마저 부모님의 완강한 반대에 부딪혀 접어버려야했다.(하겠단 → 하겠다고 하는)

(10)의 '-단'은 '-다는'의 준말이다. 이것은 용언의 어간 또는 어미 '-으시-, -었-, -겠-' 뒤에 붙어 '-다고 하는'이 줄어든 말이다.

Ⅲ. 어형의 오류

1. 철자법

철자법은 자음과 모음을 맞추어 음절 단위의 글자를 만드는 일이다. 철자법의 오류는 학생들의 정확한 어형을 몰라 나타나는 것으로 볼 수 있다.

(11)
ㄱ. 이 학교는 청석학원의 <u>모터가</u> 되었으며 80년이 지난 현재까지

충북 유일의 명문사립초등기관으로 자리매김했다.(모터가 → 모태가)
　ㄴ. 그 맞음편에 보면 설립자 분들이 사용하시던 물건들이 있다.(맞음편에 → 맞은편을)
　ㄷ. 자신에게 냉정하고 <u>가옥하기보다는</u> 자신의 안일을 위해 사치를 즐길뿐아니라 교육구국을 이룩하려던 건국이념을 이루기보다 학점채우기에 급급한 우리들을 보면 청석학원의 학생으로서 자부심을 잃은것같아 아쉽다.(가옥하기보다는 → 가혹하기보다는)
　ㄹ. <u>챙이</u> 넓은 모자는 나의 작은 할아버지께서 쓰시던 모자와 비슷해서 친근감을 느꼈다.(챙이 → 창이)
　ㅁ. 청암·석정 두 형제분은 수레의 <u>양바퀘였다.</u>(양바퀘였다 → 양바퀴였다)
　ㅂ. 1층 <u>뒷편에는</u> '세계로 웅비하는 청주대학교'란 문구를 볼 수 있었다.(뒷편에는 → 뒤편에는)
　ㅅ. 나는 이 탐방기에서 그동안 궁금했었던 우리학교 <u>연역에</u> 관한 내용을 적어 보려고 한다.(연역에 → 연혁에)
　ㅇ. 그중 특별히 인상 깊었던 것은 <u>담배 각을</u> 메모지로 사용하면서까지 절약정신을 나타낸 것이다.(담배 각을 → 담뱃갑을)
　ㅈ. 너무 <u>등안시 했던</u> 부분인것같다.(등안시 했던 → 등한시했던)
　ㅊ. 그리고 단지의 <u>갯수가</u> 4개 였다.(갯수가 → 개수가)
　ㅋ. <u>반만연</u> 역사사이에 청주가 금속활자로 인한 발전과 현시대에 금속활자가 갖는 의미는 문명시대에 손으로 쓰는 책에서 인쇄술로 인한 문화의 발전을 엿볼 수 있는 기회가 이번 탐방기에서 느낄 수 있었다.(반만연 → 반만년)
　ㅌ. 박물관이 많이 활성화 됐음하는 <u>바램이다.</u>(바램이다 → 바람이다)

(11)의 예들은 명사류들의 잘못된 어형들의 예이다. (11ㄱ)의 '모터'의

정확한 어형은 '모태(母胎)'이다. (11ㅊ)의 '갯수'는 사이시옷이 들어간 형태로 매우 많이 사용되고 있다. 이 단어는 한자어끼리 합성이 된 형태로 뒤 음절이 경음화된 [개쑤]의 발음이 되지만 사이시옷은 붙지 않는다. 두 음절로 된 한자어의 경우에는 '곳간, 셋방, 숫자, 찻간, 툇간, 횟수'에만 사이시옷을 받치어 적는다. 또한, (11ㅌ)의 '바램'은 '바람'과 많이 혼동하여 사용되고 있다.

(12)
ㄱ. 두선생님들의 모습이 <u>머리속</u>에 그려졌다.(머리속에 → 머릿속에)
ㄴ. <u>담배갑</u>을 메모지로 사용하고 평생을 고무신으로 사신 검약가 이셨다.(담배갑 → 담뱃갑)

합성어 중, 앞 단어의 끝 모음 뒤에 폐쇄하는 구조로서, 첫째, 뒤 단어의 첫소리 'ㄱ, ㄷ, ㅂ, ㅅ, ㅈ' 등이 된소리로 나는 경우와 둘째, 폐쇄시키는 음([ㄷ])이 뒤의 'ㄴ, ㅁ'에 동화되어 [ㄴ]으로 발음되는 것, 셋째, 뒤 단어의 첫소리로 [ㄴ]이 첨가되면서 음([ㄷ])이 동화되어 [ㄴㄴ]으로 발음될 때 사이시옷이 붙는다. (12ㄱ)의 '머리속'과 (12ㄴ)의 '담배갑'은 두 개의 단어가 합성이 된 형태이고, 또한 뒤 단어의 첫소리가 '[머리쏙], [담배깝]'의 된소리로 나기 때문에 사이시옷을 첨가해야 된다.

(13)
첫째 애국애족, 둘째 성실근면, <u>세째</u> 자립자활, <u>네째</u> 사회봉사, 마

지막으로 다섯째 솔선수범이다.(세째 → 셋째, 네째 → 넷째)

(13)의 '세째, 네째'는 수사의 예로, 정확한 어형은 '셋째, 넷째'이다.

(14)
ㄱ. 2층은 <u>여는</u> 박물관과 비슷하게 되어 있었다.(여는 → 여느)
ㄴ. 옛 역사에 소홀해지는 이때 박물관등을 답사하여 <u>되새금</u> 조상들의 문화와 생활등을 엿볼수 있는것이 유물들이 아닌가 싶다.(되새금 → 다시금)
ㄷ. 흰색과 검정색 고무신이 나란히 놓여 있는 걸 보니 <u>정겨움마져</u> 느껴졌다.(정겨움마져 → 정겨움 마저)

(14)는 관형사와 부사의 예이다. (14ㄱ)의 '여는'의 정확한 어형은 '여느'이다. (14ㄴ)의 '되새금'의 정확한 어형은 '다시금'으로 이것은 '다시'를 강조하여 이르는 말이다. (14ㄷ)의 '마져'는 정확한 어형은 '마저'로 남김없이 모두의 뜻을 갖는 부사이다.

(15)
ㄱ. 그 분들의 삶이나 사상을 조금이나마 <u>옅 볼수</u> 있었던 기회였다.(옅 볼수 → 엿볼 수)
ㄴ. 고등학교를 청석재단인 청석고등학교를 나와서 그런지 김원근, 김영근 두분의 성함은 그렇게 <u>낯설지</u> 않았다.(낯설지 → 낯설지)
ㄷ. 하지만 그생각이 잘못된 생각이라고 <u>깨닫은것은</u> 그리 길지 않았다.(깨닫은것은 → 깨달은 것은)
ㄹ. 힘든 시절 밑바닥 부터 시작해 그런 애국정신 하나로 학원 설립

에 몸을 받혔으며 그게 바로 지금의 청주대학교가 존재하는 이유였다.(받혔으며 → 바쳤으며)
　ㅁ. 햇빛이 쨍쨍 빛히는 오후에 박물관을 들어갔는데 너무 시원해서 좋았다.(빛히는 → 비치는)

(15ㄱ)과 (15ㄴ)의 받침 'ㅌ, ㅈ'의 잘못 사용으로 어형의 오류가 생겨났다. 우리말의 받침 'ㅅ, ㅈ, ㅊ, ㅌ, ㄷ'은 'ㄷ'으로 중화되기 때문에 같은 발음으로 나는 단어에 대한 철자의 혼동으로 어형의 오류가 생긴 듯하다. (15ㄷ)은 기본형 '깨닫다'의 어간 'ㄷ'이 활용될 때, 'ㄹ'로 바뀌는데 기본형을 그대로 적은 오류이다. (15ㄹ)의 '받히다'는 '받다'의 피동형으로 '받음을 당하다'의 뜻이다. 문맥상 정확한 어휘는 '바치다'이다. (15ㅁ)의 정확한 어형은 '비치다'이다. 이 두 가지는 발음의 유사성으로 인한 어형의 혼동으로 생각된다.

　(16)
　ㄱ. 새천년 종합 정보관은 청주대학교의 가장 현대식건물로써 요즘 시대에 걸맞는 건물이다.(현대식건물로써 → 현대식 건물로서)
　ㄴ. 친구와 함께 아래층으로 내려왔읍니다.(내려왔읍니다 → 내려왔습니다)
　ㄷ. 앞으로는 나또한 청주대학교의 핵심이 됨으로써 부끄럽지 않은 사람이 되도록 노력하겟다.(됨으로써 → 됨으로서, 노력하겟다 → 노력하겠다)
　ㄹ. 비녀 꼭다리에 장식되어 있는 것이 너무나 예뻣다.(예뻣다 → 예뻤다)

ㅁ. 난 우리 청주대학교에 역사와 우리학교를 만드시고 현재까지 <u>잇게해주신</u> 김영근 김원근 선생님께 감사드리는 바이다.(잇게해주신 → 있게 해주신)

(16)은 조사와 어미의 오류이다. (16ㄱ)에 쓰인 '-로써'는 받침 없는 체언이나 'ㄹ' 받침으로 끝나는 체언 뒤에 붙어 어떤 물건의 재료나 원료, 어떤 일의 수단이나 도구를 나타내는 격조사이다. 그러나 이것은 문장에서 의미적으로 적합하지 않으므로 어떤 지위나 신분이나 자격을 가진 입장에서란 뜻을 나타내는 '-(으)로서'로 바뀌어야 한다. '-로서'와 '-로써'는 혼동되어 많이 쓰이고 있다.

(16ㄴ)의 어미 '-읍니다'는 잘못된 형태로 '습니다'가 정확한 어형이다. 이것은 'ㄹ'을 제외한 받침 있는 용언의 어간이나 어미 '-었-', '-겠-' 뒤에 붙어 합쇼할 자리에 쓰여, 현재 계속되는 동작이나 상태를 있는 그대로 나타내는 종결 어미이다.

(16ㄷ), (16ㄹ), (16ㅁ)의 '-ㅅ'은 과거시제선어말 어미 '-ㅆ-'의 잘못된 어형이다.

(17)
ㄱ. 그 순간 내 머리속에서 대학인의 글쓰기 <u>레포트가</u> 생각이 났다.(레포트가 → 리포트가)
ㄴ. 이번 <u>레포트를</u> 계기로 박물관에 다녀온게 잘 됐다는 생각을 했다.(례포트를 → 리포트를)
ㄷ. 지금도 <u>악세사리</u> 가게에 가면 여러가지 비녀들을 파는데 지금껏

과 다르지 않은 것을 보고 옛날의 미는 역시 어느 곳을 가도 초월한다는 것을 느꼈다.(악세사리 → 액세서리)

(17)의 외래어의 잘못된 표기이다. (17ㄱ)과 (17ㄴ)은 영어의 'report'의 외래어 표기로 '레포트, 레포트, 레포오트, 리포트'가 매우 혼동되어 사용되고 있으나, 정확한 외래어 표기는 '리포트'이다. 'accessory'의 정확한 외래어 표기는 '액세서리'이다.

2. 음운 현상

음운 현상은 문어를 구어로 옮기면서 생기는 언어 현상이다. 즉, 이것은 한글맞춤법과는 관계없이 소리나는 대로 문어를 옮기면서 생기는 현상이다. 이 절에서는 이러한 음운 현상으로 인한 어형의 변화가 생긴 오류를 다루고자 한다.

(18)
ㄱ. 문화제를 보는 눈이 특별하다.(문화제를 → 문화재를)
ㄴ. 유물들의 역사적 가치에 대해서는 잘 모르지만 보이는 유물들의 대부분이 탄성을 자아넬 만큼 훌륭했다.(자아넬 → 자아낼)
ㄷ. 특히 나무함, 연적, 고풍스런 무신도, 동자상, 여자장식등 눈을 땔 수 없게 흥미있었다.(땔 → 뗄)
ㄹ. 그림에서만 볼수있었던 색체감과 입체감을 단 두가지색 청색과 백색을 가지고 정말 아름답고 꼭 튀어 나올것같은 생동감을 전해주는

이런 자기들을 만들어낸 우리 옛 선조들의 자손으로 태어난 것이 참으로 뿌듯하고 가슴한쪽으로 긍지를 가졌다.(색체감과 → 색채감과)

ㅁ. 대학에 처음 입학해서는 건물을 잘 구분하지 못해서 <u>헤메었던</u> 기억이 있다.(헤메었던 → 헤매었던)

ㅂ. 처음 우리학교에 박물관이 있다는 소리를 듣고는 운동장이라도 더 만들어 놓지 <u>쓸때없이</u> 박물관을 왜 지어놨는지 이해할 수 없었지만, 지금에서야 그 뜻을 알게되었고, 이러한 기회를 만들어 주신 교수님께 감사드린다.(쓸때없이 → 쓸데없이)

ㅅ. 이 탐방기를 쓰게된 동기는 대학인의 글쓰기 교양과목의 <u>과재였기때문이다.</u>(과재였기때문이다 → 과제였기 때문이다)

ㅇ. 나는 솔직히 이번 대학인의 글쓰기 리포트 시간이 아니였다면 우리학교에 박물관이 있다는 사실도 <u>모른체</u> 졸업 할 뻔 하였다.(모른체 → 모른 채)

ㅈ. 그 물건들은 오래되고 낡아서 요즘세상에서는 <u>대채로</u> 보기힘든 물건들 이었다.(대채로 → 대체로)

ㅊ. 우선 처음에 가보면 첫 번째로 보는 것이 우리학교를 <u>새우신</u> 설립자의 사진과 청주대의 역사와 그분들이 쓰셨던 물건들과 책들을 볼 수가 있었다.(새우신 → 세우신)

ㅋ. 박물관을 다 둘러 <u>보는대만도</u> 약40여분이 걸렸다.(보는대만도 → 보는 데만도)

ㅌ. 도전과 응전, 검소, 질박, 사랑으로 <u>인간에의</u> 길을 실천한 설립자분들의 침묵하는 교시에 우린가슴을 열고 거듭나야한다.(인간에의 → 인간애의)

ㅍ. 청화백자는 횐색바탕에 파란색으로 모양이 그려져있는데 전시되어있는 청자, 백자중 가장 <u>이뻐보였다.</u>(이뻐보였다 → 예뻐 보였다)

단모음의 변화와 관련하여 가장 먼저 들 수 있는 특징은 모음 체계의 변화이다. (18)의 예에서 보듯이 현재 많은 사람들이 모음 '에'와 '애'의 구별을 정확하게 하지 않는다는 사실이다. 'ㅔ'는 '네, 예쁘다' 등에서는 '애'로 변하지 않고, '니, 이쁘다'처럼 고모음으로 실현되기도 한다.

(19)
서로를 도우며 형이 학원의 이사장을 하고 있을 때 석정선생 즉, 아우는 뒤에서 뒷박 석유장사를 하신 것이다.(뒷박 → 됫박)

(19)의 정확한 어형은 '됫박'이다. 모음 '외'와 '위'를 이중모음으로 발음하는 현상도 단모음 체계에서 일어나는 모음 체계의 변화이다. 이것은 단모음화의 역사를 거쳐 현대 국어에서 다시 이중모음으로 바뀌고 있다.

(20)
ㄱ. 뭐 별것두 없네.(별것두 → 별것도)
ㄴ. 지금 기억에 남는 건 별루 없는 것 같다.(별루 → 별로)
ㄷ. 청대박물관을 관람하고 나서 글쓰기교수님이 왜 박물관을 다녀오라구 한지를 알게 되었다.(다녀오라구 → 다녀오라고)

모음 '오'는 문법형태소의 제2음절 이하에서 '우'로 변하는 경향이 보인다. 이는 어미 '-고, -어도', 조사 '-도, -로' 등이 '-구, 어두'나 '-두, -루'로 변하는 현상이다. 또한 '로'로 끝나는 부사의 변화형도 포함된다.
(20ㄱ)의 '별것두'의 '두'는 '-도'의 잘못된 표현이나, 구어에서 많이 쓰이는 표현이다. (20ㄴ)의 '별루'의 정확한 어형은 '별로'이다. (20ㄷ)의 '-

구'는 '-고'의 잘못된 표현이나, 구어에서 많이 쓰이는 표현이다. '고'는 종결 어미 '-다, -냐, -라, -자, -마' 따위 뒤에 붙어 앞말이 간접 인용되는 말임을 나타내는 격조사이다. .

(21)
ㄱ. 생각만큼 크고 웅장하지 않았지만 꾀 좋은것 같다.(꾀 → 꽤)
ㄴ. 새로진 건물이라서 그런지 건물 안에는 깨끗하게 전시가 잘되 있었다.(잘되 → 잘 되어 또는 잘 돼)
ㄷ. 평소에는 닫혀있었는데 왠일인지 그날은 열려있었다.(왠일인지 → 웬일인지)
ㄹ. 고등학교때 반에서 왠만큼 공부를 했다고 생각했고 나쁘지않은 수능점수를 맞았기 때문에 나는 상위권 대학에 갈수 있을지 알았다. (왠만큼 → 웬만큼)
ㅁ. 처음에 학교안에 박물관이 있다는 소리를 듣고 학교안에 왠 박물관하는 생각이 들었다.(왠 → 웬)
ㅂ. 형제분은 일제치하에서 우리나라가 독립을 하려면 민족의 힘을 길러야 하고 힘은 배움으로 구할 수 있다는 '교육구국'의 신념으로 육영의 횟불을 들었다.(횟불을 → 햇불을)

(21)의 예는 'ㅔ/ㅚ'와 'ㅐ' 사이 모음 체계의 변화로 인하여, 젊은 세대들에게 대립이 소멸되어 생긴 어형의 오류들이다. '웬'과 '왠'은 발음이 같지만 혼동된 모습들을 많이 보이고 있다. '웬'은 어찌 된, 어떠 한의 뜻을 지닌 관형사이다. 따라서 (21ㄷ), (21ㄹ), (21ㅁ)의 정확한 어형은 '웬일, 웬만큼, 웬'이다. 부사로 '왜 그런지 모르게, 뚜렷한 이유도 없이'의 뜻을 갖는 부사는 '왠지'의 형태로 적는다. (21ㄱ), (21ㄴ), (21ㅂ)의 정확한 어

형은 '꽤, 잘 돼, 횃불'이다.

(22)
ㄱ. 이제 학교의 자랑스러움을 알게되었으니 학교생활이 좀더 <u>재밌어 질</u> 것같다.(재밌어 질 → 재미있어질)
ㄴ. 박물관을 둘러보면서 <u>젤인상</u> 깊었던게 노리개 였다.(젤인상 → 제일 인상)

(22)는 모음 탈락의 경우로 형태소가 결합할 경우 '-이-'나 '있-'의 모음 'ㅣ'가 모음 'ㅣ'뒤에서 탈락하는 예들이다. 이러한 예는 '재미써(재미 있어), 어디써요(어디 있어요)' 등에서 나타난다. 'ㅣ'탈락은 (22ㄴ)의 '젤'처럼 단어내부에서도 일어나는데, 이 경우에는 1음절이 모음이 보상적인 장음화를 겪는다. 이러한 예는 '젤(제일)' 이외에 '낼(내일), 맬(매일)'에서도 나타난다.

(23)
ㄱ. 공강 시간에 할 일이 없어 <u>머</u> 할까 생각 하다가 박물관이 생각 났다.(머 → 뭐)
ㄴ. 금속활자본을 보면 역시 한민족은 <u>먼가</u> 다르다는 생각이 든다. (먼가 → 무언가)

(23)은 이중모음의 변화에 의한 것이다. 이중모음의 변화는 모음 체계의 변화에 기인하기보다는 발음의 편이를 지향하는 언어 변화의 일면을 보여주는 예라고 하겠다. 이것은 상향이중모음의 w가 탈락한 예이다. (23ㄱ)의

'머'는 '뭐'를 구어적으로 이르는 말이다. '뭐'는 '무어'의 준말이다.

(24)
　2학기가 되어서 몇일 뒤 교수님께서 두번째 과제인 청주대학교를 탐방하고 탐방기를 쓰라고 하셨다.(몇일 → 며칠)

한글맞춤법 제27항 붙임 2에 어원이 분명하지 아니한 것은 원형을 밝히어 적지 아니한다는 규정이 있다. (24)의 '며칠'은 '몇-일(日)'로 분석하기 어려운 것이니, 실질 형태소인 '몇'과 '일(日)'이 결합한 형태라면 [(면닐→)면닐]로 발음되어야 하는데, 형식 형태소인 접미사나 어미, 조사가 결합하는 형식에서와 마찬가지로 'ㅊ' 받침이 내리 이어져 [며칠]로 발음된다. 이것은 원형을 밝히어 적지 아니하고, '며칠'로 적는다.

(25)
　ㄱ. 약간에 초라함을 느끼게 해주는 그 동자상은 김영근·김원근형제에 당시 기분을 느끼게 해주는 것이 아닐까라는 나만에 생각도 해보게 되었다.(약간에 → 약간의, 김영근·김원근 형제에 → 김영근·김원근 형제의, 나만에 → 나만의)
　이렇게 나는 가마를 마지막으로 박물관 관람을 마쳤으며 청석재단에 위대함을 느끼며 돌아오게 되었다.(청석재단에 → 청석 재단의)

(25)는 표기법과 발음법의 차이점에서 기인한 것으로 구어적인 표현이다. 표준발음법 제5항 다만 4에서 단어의 첫음절 이외의 '의'는 [ㅣ]로, 조사 '의'는 [ㅔ]로 발음함을 허용하나, 표기법에서는 '의'로 적어야 한다고

되어 있다.

(26)
ㄱ. <u>일찌기</u> 한문을 수학한 바 있고, 조실부모 하여 청년기 까지 유랑과 고난의 생활을 하였다.(일찌기 → 일찍이)
많은 의구심을 품었지만 매번 문이 닫혀 있었기 때문에 지나칠 <u>수바께</u> 없었다.(수바께 → 수밖에)

(26)은 소리나는 대로 적은 것이다. 국어에서 연음규칙을 보면, 형태소 끝 자음은 모음으로 시작하는 의존 형태소(어미, 조사, 접미사)가 이어 나올 때 중화규칙의 적용을 받지 않고 다음 음절의 초성으로 발음되는 것이 표준이다.(이호영, 1996:147)

(27)
나는 이러한 역경과 고난들을 <u>격지</u> 않아도 될 상황에서 이분들보다 더 큰 뜻을 품지는 못할망정 사치와 낭비로 하루 하루를 살아가는 나를 뒤돌아보고 고개를 떨구게 되었다.(격지 → 겪지)

표준발음법 제9항에 받침 'ㄲ, ㅋ', 'ㅅ, ㅆ, ㅈ, ㅊ, ㅌ', 'ㅍ'은 어말 또는 자음 앞에서 각각 대표음 [ㄱ, ㄷ, ㅂ]으로 발음된다는 규정이 있다. (27)의 '격지'는 '겪지'의 발음나는 대로 적은 어형이다.

(28)
ㄱ. 이 <u>팬찬</u>은 박물관이 있는데 청주대 학생들은 박물관의 여부 조

차 모르니 안타까운 생각이 들었다.(괜찬은 → 괜찮은)
　ㄴ. 사실 비싼 등록금과 크지만 낡은 학교에 언짠아 하였는데 감히 내스스로 평가하는게 부끄러웠다.(언짠아 → 언짢아)

표준발음법 제12항 4에 'ㅎ(ㄴㅎ, ㄹㅎ)' 뒤에 모음으로 시작된 어미나 접미사가 결합되는 경우에는, 'ㅎ'을 발음하지 않는다. (28)은 이러한 받침의 발음 규정에 따라 적은 것이다.

　(29)
　물론 박물관에 갇따오기 전 생각이다.(갇따오기 → 갔다 오기)

(29)는 소리나는 대로 표기한 형태이다. '갔다'의 발음은 [갇따]이다. 표준발음법 제23항에서 받침 'ㄱ(ㄲ, ㅋ, ㄳ, ㄺ), ㄷ(ㅅ, ㅆ, ㅈ, ㅊ, ㅌ), ㅂ(ㅍ, ㄼ, ㄿ, ㅄ)' 뒤에 연결되는 'ㄱ, ㄷ, ㅂ, ㅅ, ㅈ'은 된소리로 발음한다는 규정이 있다.

　(30)
　ㄱ. 설립자 두 형제분은 어렸을 때 고향땅을 떠나서 행상길에 나스셨다.(나스셨다 → 나서셨다)
　ㄴ. 여러 방면에서 민족을 위해 앞장스셨다.(앞장스셨다 → 앞장서셨다)

방언형에 따른 변화로 충청북도 방언에서 장모음 /어:/가 /으:/로 고모음화하는 현상이 나타난다. 예를 들면, '그:머리(거머리), 으:른(어른), 그:지

(거지)' 등의 방언형이 나타난다. (30)의 '나스다, 앞장스다'는 이러한 방언에 의한 음운체계의 변화에 따른 어형으로 생각한다. 정확한 어형은 '나서다, 앞장서다'이다.

   (31)
   ㄱ. 청석 기념관은 좋은 박물관 못지 않게 쎄련되었다.(쎄련되었다
→ 세련되었다)
   ㄴ. 2층에는 여느박물관에서 볼수있는 도자기, 녹쓴칼등 충북에서 발견된 유물등으로 꾸며져 있었다.(녹쓴칼등 → 녹슨 칼 등)

(31)은 젊은 세대에서 많이 나타나는 현상이다. 같은 단어라도 세대에 따라 같은 낱말을 다르게 발음하는 경우가 있다. 젊은 세대에서의 경음화는 세대 간의 차이를 보여주는 음운현상들 중의 하나이다. (31ㄱ)과 (32ㄴ)의 정확한 어형은 '세련되다, 녹슬다'이다.

   (32)
   ㄱ. 박물관 폐관시간이 지나서인지 아님 오늘 열지않은것인지 셔터가 내려져 있었다.(아님 → 아니면)
   ㄴ. 박물관이 많이 활성화 됐음하는 바램이다.(활성화 됐음하는 → 활성화되었으면 하는)

(32)는 음절수 줄이기로 위의 표현은 일상 대화에서 빠르게 발화할 때는 음절수를 줄이는 경향이 있다. 이 경우는 대개 두 개의 형태소가 결합한 상태에서 일어나는 현상인데, 구어에서 매우 많이 쓰이는 어형인데, 학생

들이 많이 쓰고 있었다.

(33)
ㄱ. 처음에 박물관에 들어갔을때는 학교안에 박물관이나만큼 별거 없겠지 하고 생각하면서 들어갔다.(별거 → 별것)
ㄴ. 청주대 박물관의 의미를 조금이나마 알게 되었다는 점에서 학교에서 배우고 있는거 이외에 또다른 중요한 것을 알고 느낄수 있는 좋은시간과 기회가 되었다.(있는거 → 있는 것)
ㄷ. 이번기회가 아니었으면 4년내내 한번도 들어가 보지 않았을꺼 같다.(않았을꺼 → 않았을 것)

(33)은 자음탈락의 예로 일상 대화에서 빨리 발화할 경우에 모음 사이의 'ㄱ'이 탈락된 구어적인 표현이 많이 쓰인다. '거'는 '것'을 구어적으로 이르는 말이다.

Ⅳ. 결론

지금까지 학생들의 과제를 교정하면서 어휘에 관련된 구어적 표현 및 어형의 오류 현상을 분석하였다.
이러한 분석 과정을 통해 본 학생들의 어휘 사용의 특성은 크게 두 가지로 나타났다.
첫째, 준말의 사용이다. 준말은 준말이란 '단어나 단어처럼 기능하는 구

차원의 어떤 언어 형식에서 두 음절이 의미변화를 초래하지 않으면서 두 개 이상의 음운이 합쳐지면서, 본래의 어형보다 줄어들어 형성된 언어형식'이라 정의할 수 있다. 준말은 한글맞춤법에서 본말과 같이 사용되고 있으나, 원형식보다는 훨씬 더 구어적이다.

둘째, 어형의 오류이다. 어형의 오류에는 2가지의 특성을 발견할 수 있었다. 첫째는 학생들이 정확한 어형을 몰라 발생하는 철자법의 오류이고, 둘째는 음운 현상에 의한 오류이다. 음운 현상은 문어를 구어로 옮기면서 생기는 언어 현상이다. 이것은 한글맞춤법과는 관계없이 소리나는 대로 옮기면서 생기는 현상이다. 음운현상에 의한 오류는 국어의 모음체계의 변화, 음운 규칙의 적용 등으로 인한 표기 오류가 많이 발견되었다.

이러한 특성을 종합해 보면 대학생들의 글쓰기 특징은 첫째, '구어와 문어의 결합'이라 할 수 있다. 즉 '말하듯이 쓴다'는 기술의 통용이다. 일상 생활에서 사용하는 구어체와 글을 쓸 때 사용하는 문어체의 경계가 없어지고, 말하는 것처럼 글을 쓰는 기술이 통용되고 있는 것이다. 둘째, '기존 정서법의 무시'이다. 이러한 원인은 컴퓨터 통신어의 우리말 오용에 의한 것이 아닐까 생각한다. 현재 사이버세계에서는 경제성의 원칙과 자판 사용의 편리성 때문에 그리고 직접 대면하지 않은 상황의 어색함을 피하기 위해 기존의 정서법을 무시한 단어 사용이 많이 이루어지고 있다. 이러한 통신 언어의 해가 맞춤법의 체계를 위협할 정도로 심각해지고 있다고 할 것이다.

현재 우리는 정보화 사회를 살아가고 있다. 정보화 사회에서는 정보 전달 매체가 급속도로 발전하면서 다양화되고 있는데, 이런 시대일수록 자신의 생각을 말이나 글로써 정확하고 효과적으로 표현하는 능력은 필수적이다. 특히, 글은 우리가 복잡하게 전개되는 세계를 인식하는 행위이면서, 자기의 전부를 드러내는 행위라 할 수 있기 때문에 더욱더 세심한 배려가 요구되고 있다. 이러한 글쓰기에 있어서 문어와 구어의 특성을 바르게 인식하고, 올바른 규범을 바르게 사용함으로써 보다 정확하고 신속하게 우리의 생각을 표현할 수 있지 않을까 생각한다.

제3장

띄어쓰기

Ⅰ. 서론

현대는 많은 정보들이 홍수와 같이 우리들에게 밀려오고 또 그 정보를 떠나서는 온전한 사회생활을 해 나갈 수 없을 정도가 되었다. 이러한 수많은 정보들은 시각적인 수단인 문자를 통하여 우리에게 전달되고 있다. 이러한 상황에서 올바른 언어규범을 통한 언어생활은 더욱더 중요시되고 있다. 이러한 언어규범 중에서 띄어쓰기는 독자의 독서의 능률을 올리기 위한 표기의 약속이다. 우리는 띄어쓰기를 함으로써 문장의 각 부분의 논리적 관계를 나타낼 수 있고, 이를 통하여 의미를 정확하게 전달할 수 있다.

띄어쓰기 원칙은 <한글맞춤법>에 명시되어 있다. 한글맞춤법 총칙 제2항에 "문장의 각 단어는 띄어 씀을 원칙으로 한다"이다. 이 원칙은 대단히 명쾌해서 '단어'가 무엇인지 알기만 하면 띄어쓰기 문제는 모두 해결될 수 있을 것처럼 보인다. 그러나 실제로 띄어쓰기 문제는 명쾌한 것과는 거리가 멀어 우리를 항상 어렵게 하고 있다.

    필자는 '띄어쓰기'에 대한 학생들의 실태를 조사하기 위하여 '대학인의 글쓰기' 과제로 청주대학교 박물관 답사기[1]를 부여하였다. 본 논문은 이 과제를 교정하면서 '띄어쓰기'에 관련된 오류 현상을 분석한 것이다.

    이러한 오류의 분석을 통하여, 본 논문은 학생들의 언어 사용 양상에 대한 문제점을 인식하고, 이에 대한 개선노력을 고취하고자 하는데 목적을 두고자 한다.

---

[1] 기존의 대학생들의 언어사용 양상에 관련된 연구는 조사할 항목이 미리 정해진 설문지를 통한 직접 또는 간접 조사방법이 주를 이루었다. 그러나 본 논문은 학생들의 일상의 글쓰기를 통한 자연스러운 자료를 수집하기 위하여 답사기를 부여한 것이다. 따라서, 본 논문의 예문은 띄어쓰기뿐만 아니라 어휘 및 문장구성의 오류가 나타나는 문장을 그대로 인용하고, 필요한 항목은 밑줄로 구분하였다.

Ⅱ. 띄어쓰기를 한 문법 요소

1. 조사

조사는 독립성이 없기 때문에 다른 단어 뒤에 종속인 관계로 존재한다. 조사는, 그것이 결합되는 체언이 지니는 문법적 기능을 표시하므로, 그 앞의 단어에 붙여 쓰는 것이다.

   (1) 격조사

격조사는 체언과 다른 성분 간의 문법 관계를 나타내는 조사이다. 격조사 중 많은 오류를 보이고 있는 것은 서술격 조사와 부사격 조사이다.

1) 주격

주격 조사는 선행 체언으로 하여금 주어가 되게 하는 조사이다.

   (1)
   그런 도전 정신을 바탕으로 <u>청암선생님과 석정선생님 께서는</u> 교육만이 나라를 살리는 길이라 생각 하셨기 때문에 석유장사로 어렵고 힘들게 모은돈으로 학교 설립에 가담 하셨다.(청암선생님과 석정선생님 께서는 → 청암과 석정 선생님께서는)

주격 조사 '-이/가'는 오류가 보이지 않고 있지만, '-께서'는 많은 오류를 보이고 있다. 이것은 사람이나 동물 따위를 나타내는 체언 뒤에 붙어 그 대상을 높임과 동시에 그 대상이 문장의 주어임을 나타내는 격조사이다. 주격 조사 '이/가'의 높임말이며, 이때 서술어에는 높임을 나타내는 선어말 어미 '-시-'를 붙인다.

2) 부사격

부사격 조사는 선행 체언으로 하여금 부사어가 되게 하는 조사이다.

(2)
ㄱ. 형제분들은 <u>청년거상 으로</u> 성장하셨지만 식민치하의 우리나라를 치욕으로 생각하셨다.(청년거상 으로 → 청년거상으로)
ㄴ. 그리고 형제분들은 한 핏줄이고 형제애도 두터웠기 때문에 <u>서로 에게</u> 막대할수도 있었지만 더욱 서로를 의지해 가면서 살아가셨다는 것을 두 형제분의 모자에서 느낄수 있었다.(서로 에게 → 서로에게)
ㄷ. 박물관의 크기도 생각했던 <u>것 보다</u> 컸다.(것 보다 → 것보다)
ㄹ. 그 <u>곳 에는</u> 우리 청주대학교를 설립하신 청암 김원근 선생과 석정 김영근 선생에 대하여 세세히 설명되어 있었다.(곳 에는 → 곳에는)
ㅁ. 위에 말한 <u>것 처럼</u> 고칠것은 고치며 좋은 시설등 앞으로 들어올 우리들의 후배들을 위해 깨끗이 잘 보존하여야겠다고 생각한다.(것 처럼 → 것처럼)

'-으로'는 'ㄹ'을 제외한 받침 있는 체언 뒤에 붙어 움직임의 방향, 경로 또는 변화의 방향을 나타내는 격조사이다. '-에게'는 사람이나 동물 따위를 나타내는 체언 뒤에 붙어, 일정하게 제한된 범위를 나타내거나 어떤 행동이 미치는 대상을 나타내는 격조사이다. '-보다'는 체언 뒤에 붙어 앞말이 비교의 기준이 되는 점의 뜻을 갖는 격조사이다. '-에'는 체언 뒤에 붙어 앞말이 처소임을 나타내는 격조사이다. '-처럼'은 체언 뒤에 붙어 모양이 서로 비슷하거나 같음을 나타내는 격조사이다.

3) 서술격

서술격 조사 '-이다'는 활용을 한다는 중요한 특성을 지니고 있다. 일반적으로, 체언 뒤에 붙어 주어가 지시하는 대상의 속성이나 부류를 지정하는 뜻을 나타내는 서술격 조사이다. 주어의 속성이나 상태, 정체나 수효 따위를 밝히는 서술어를 만들거나, 어떤 주제에 대하여 문제가 되는 사실을 밝히는 서술어를 만드는 기능을 한다. 특히, 후자의 경우에는 체언 외에도 조사나 부사, 용언의 어미 뒤에도 붙을 수 있다. 학자에 따라서 '지정사'로 보기도 하고, '형용사'로 보기도 하며, '서술격 어미'로 보기도 하나, 현행 학교 문법에서는 서술격 조사로 본다.

(3)
ㄱ. 이번 청암, 석정 두 형제분들의 업적이 전시된 기념관 답사는 나에게 많은 교훈을 주고, 나의 생활에 대한 많은 반성을 있게해주는 뜻 깊은 <u>답사 였다.</u>(답사 였다 → 답사였다)
ㄴ. 특히 나는 많은 유물들중에 가장 <u>인상적 이었던</u> 것은 그릇류였

다.(인상적 이었던 → 인상적이었던)
   ㄷ. 내가 초등학생이 되어 기념관에 견학간 기분이 <u>들어서 인지</u> 정말 추억에 남는 탐방이었다.(들어서 인지 → 들어서인지)

(2) 보조사

체언이나 부사 또는 용언의 연결어미나 종결어미의 뒤에 쓰여 특별한 뜻을 더해 주는 조사를 말한다.

   (4)
   그리고 <u>고무신 뿐만</u> 아니라 많은 서적과 모자, 가방등도 있었다.(고무신 뿐만 아니라 → 고무신뿐만 아니라)

'뿐'은 체언이나 부사어 뒤에 붙어 '그것만이고 더는 없음' 또는 '오직 그렇게 하거나 그러하다는 것'을 나타내는 보조사이다.

   (5)
   ㄱ. 초등학교를 졸업하고 난 이후에 써 본적이 없는데, 지금은 원고지 <u>사용법 조차</u> 가물가물 하다.(사용법 조차 → 사용법조차)
   ㄴ. 심지어 박물관이 <u>있는지 조차</u> 모른다는 것은 학생들에게 큰 책임감이 있다.(있는지 조차 → 있는지조차)

'-조차'는 체언 또는 어미 뒤에 붙어 이미 어떤 것이 포함되고 그 위에 더함의 뜻을 나타내는 보조사이다. 일반적으로 예상하기 어려운 극단의 경우까지 양보하여 포함함을 나타낸다.

(6)
　오늘 만큼은 발한번 디디기 조차 힘든 서울대의 학생보다 청주대의 학생이라는 것이 흐뭇했고 뿌듯 했었다.(오늘 만큼은 → 오늘만큼은)

'만큼'은 체언이나 조사의 바로 뒤에 붙어 앞말과 비슷한 정도나 한도임을 나타내는 보조사이다.

(7)
　ㄱ. 그래서 1924년 3월1일 부터 설립 하여 현재까지 이어왔다는 것을 알았다.(3월1일 부터 → 3월 1일부터)
　ㄴ. 들어가면서 부터 학교의 초기 설립자 분들의 내용이 차례대로 전시되어 있었다.(들어가면서 부터 → 들어가면서부터)

'부터'는 체언이나 부사어 뒤에 붙어 어떤 일이나 상태 따위에 관련된 범위의 시작임을 나타내는 보조사이다. 흔히 뒤에는 끝을 나타내는 '까지'가 와서 짝을 이룬다.

(8)
　ㄱ. 이번과제가 아니 였으면 학교를 졸업할 때 까지 청석박물관에는 가보지 않았을 것이다.(때 까지 → 때까지)
　ㄴ. 이 설립이 독립운동의 일환으로 까지 생각해보니 참 위대하신 분들일수 밖에 없었다.(일환으로 까지 → 일환으로까지)

'까지'는 체언이나 부사어 뒤에 붙어 어떤 일이나 상태 따위에 관련되는 범위의 끝임을 나타내는 보조사이다. 흔히 앞에는 시작을 나타내는 '부터'나 출발을 나타내는 '에서'가 와서 짝을 이룬다.

2. 어미

우리말에는 어미가 발달하여 있는데, 어미는 그것이 나타나는 자리에 따라 어말어미와 선어말어미로 나뉜다. 어말어미는 단어의 끝자리에 들어가고, 선어말어미는 어말어미의 앞자리에 들어간다. 어말어미는 반드시 있어야 하지만 선어말어미는 경우에 따라 있을 수도 있고 없을 수도 있으며, 둘 이상의 선어말어미가 올 수도 있다.

이 중 많은 오류를 보이고 있는 것은 '-ㄴ지'와 '-겠-'이다. '-ㄴ지'는 '이다'의 어간, 받침 없는 형용사 어간, 'ㄹ' 받침인 형용사 어간 또는 어미 '-으시-' 뒤에 붙어 막연한 의문이 있는 채로 뒤 절의 사실이나 판단과 관련시키는 데 쓰는 연결 어미이다. '-겠-'은 '이다'의 어간, 용언의 어간 또는 어미 '-으시-, -었-' 뒤에 붙어 다른 어미 앞에 붙어 미래의 일이나 추측을 나타내는 선어말어미이다. 또한, 화자의 의지, 가능성이나 능력, 헤아리거나 따져 보면 그렇게 된다는 뜻을 나타내기도 한다.

(9)
ㄱ. 얼마나 검소한 생활을 <u>하셨는 지를</u> 알수있었기 때문이다.(하셨

는 지를 → 하셨는지를)

ㄴ. 나도 이제는 나만 생각하지 않고 남을 먼저 생각하는 사람이 되어야 겠다고 다짐했다.(되어야 겠다고 → 되어야겠다고)

3. 접사

접사는 단독으로 쓰이지 아니하고 항상 다른 어근이나 단어에 붙어 새로운 단어를 구성하는 부분이다. 접사에는 접두사와 접미사가 있다.

(1) 접두사

어떤 단어의 앞에 붙어 파생어를 만드는 접사이다.

(10)
그리고 형제분들은 한 핏줄이고 형제애도 두터웠기 때문에 서로 에게 막대할수도 있었지만 더욱 서로를 의지해 가면서 살아가셨다는 것을 두 형제분의 모자에서 느낄수 있었다.(한 핏줄 → 한핏줄))

'한'은 일부 단위를 나타내는 말 앞에 쓰여 그 수량이 하나임을 나타내는 수관형사로 쓰이나, 일부 명사 앞에 붙어 '큰, 정확한, 한창, 같은'의 뜻을 더하는 접두사이다.

(11)
어린 나이에 맨 몸으로 고향을 떠나 자수성가를 하셨다.(맨

몸으로 → 맨몸으로)

'맨'은 더 할 수 없을 정도나 경지에 있음을 나타내는 관형사이나, 일부 명사 앞에 붙어 '다른 것이 없는'의 뜻을 더하는 접두사이다.

(2) 접미사

접미사에는 어기의 품사를 바꾸는 것과 그렇지 않은 것이 있는데, 이 중 어기에 붙어서 그것을 동사 또는 형용사로 만들어 주는 기능을 갖는 접미사에서 많은 오류를 범하고 있다.

(12)
ㄱ. 나는 이 학교의 살아 숨쉬는 역사의 소중한 증거인이신 청주대학교 설립자 청암 김원근 · 석정 김영근 선생의 업적과 가치관을 서슴없이 자랑스럽게 <u>이야기 할</u> 것이다.(이야기 할 → 이야기할)
ㄴ. 초등학교를 졸업하고 난 이후에 써 본적이 없는데, 지금은 원고지 사용법 조차 <u>가물가물 하다.</u>(가물가물 하다 → 가물가물하다)
ㄷ. 그래서 처음에는 대충만든 자기처럼 보이지만 보면 볼수록 분청사기 매력에 빠져드는 <u>듯 했다.</u>(듯 했다 → 듯했다)

'-하다'는 일부 명사 뒤에 붙어 동사 또는 형용사를 만드는 접미사이다. 또한, 의성 · 의태어, 의존명사 뒤에 붙어 동사나 형용사를 만드는 접미사이다.

(13)
ㄱ. 조국과 민족을 구하는 길은 오직 교육뿐 이라는 신념으로 형상화 되어 청석학원이라는 거대한 교육구국의 산맥을 일으켜 세운 것이다.(형상화 되어 → 형상화되어)
ㄴ. 앞으로 더 많은 유물들이 발견 되고 잘 보존 될 수 있었으면 좋겠다.(발견 되고 → 발견되고, 보존 될 → 보존될)

'-되다'는 서술성을 가진 일부 명사 뒤에 붙어 '피동'의 뜻을 더하고 동사를 만드는 접미사이다. 또한 몇몇 명사, 어근, 부사 뒤에 붙어 형용사를 만드는 접미사이다.

(14)
그 분들은 교육 받지 못하는 서민을 위해 사비를 털어 손수 설립하신 우리나라 최초의 사립대학교인 청주대학교의 어버이이신 것이다.(교육 받지 → 교육받지)

'-받다'는 서술성을 가지는 몇몇 명사 뒤에 붙어 '피동'의 뜻을 더하고 동사를 만드는 접미사이다.

(15)
오늘날 냉장고와 유사한 역할을 한 듯 싶었다.(듯 싶었다 → 듯싶었다)

'-싶다'는 의존명사 '듯, 성'에 붙어서 '듯싶다, 성싶다'를 이루는 접미사이다.

Ⅲ. 붙여 쓰기를 한 문법 요소

1. 명사

(1) 자립명사

다른 말의 도움을 받지 아니하고 단독으로 쓰일 수 있는 명사이다. 자립명사에는 고유명사와 일반명사가 있다.

(16)
ㄱ. 먼저 1층에는 청주대학교의 설립자인 김영근선생님과 김원근선생님의 생전에 쓰시던 유품들을 볼 수있었다.(김영근선생님과 김원근선생님의 → 김영근과 김원근 선생님의)
ㄴ. 청암선생과 석정선생은 의롭고 의좋은 형제이다.(청암선생과 석정선생은 → 청암과 석정 선생은)

위 (16)은 고유명사로 한글맞춤법 제48항에는 "성과 이름, 성과 호 등은 붙여 쓰고, 이에 덧붙는 호칭어, 관직명 등은 띄어 쓴다" 라고 규정되어 있다. 위의 예는 띄어써야 되는데 붙여 써서 오류를 보인 경우이다.

일반명사는 일반 개념을 표시하는 명사로 여러 가지 사물의 공통된 특성을 나타낸다. 이곳에서의 오류는 체언 앞에서 체언의 뜻을 꾸며 주는 관형어와 붙여 쓴 경우이다. 관형어로는 체언, 체언에 관형격 조사 '의'가 붙은 말이다. 또한, 동사와 형용사의 관형사형, 동사와 형용사의 명사형에 관형격 조사 '의'가 붙은 말 따위가 있다. 이 경우 관형어와 명사를 띄어 쓴다.

(17)
ㄱ. <u>이번과제로</u> 인해 청주대학교 박물관을 들린후 교육에 대한 의미를 조금이라도 알게 되어 어릴적 자주 가보았던 흥덕사지 고인쇄박물관을 다시 가보고 싶다는 생각을 하였다.(이번과제로 → 이번 과제로)
ㄴ. 대학교 안에 있는 기념관이라 작고 허름할 줄 알았는데 <u>내생각</u>과 달리 깔끔하고 관리도 잘되어있고 기념관 크기도 크고 최신 설비를 갖추고 있어서 아주 좋았다.(내생각과 → 내 생각과)

(17)은 체언이 명사 앞에서 관형어로 쓰인 예이다. '이번'은 곧 돌아오거나 이제 막 지나간 차례를 나타내는 명사이다. 그리고 '내'는 '나의'가 준말이다. 이것은 선행의 체언이 관형어의 역할을 한다.

(18)
ㄱ. <u>그후</u> 혹독한 고난과 절망을 딛고 거부가 되었음에도 불구하고 결코 자신들의 안일만을 도모하지 않았다.(그후 → 그 후)
ㄴ. 박물관을 들어가자마자 <u>두선생님의</u> 물건들을 볼 수가 있었다. (두선생님의 → 두 선생님의)
ㄷ. 안으로 들어가서 <u>맨처음</u> 눈에 띈 것은 청주대 설립자이신 김원근, 김영근 선생님들과 연혁등 이었다.(맨처음 → 맨 처음)

(18)은 관형사가 관형어로 쓰인 예이다. 관형사 '이, 그, 저'는 이야기에 나타나는 대상이나 내용을 가리키는 지시관형사이고, '두'는 체언의 수나

순서를 나타내는 수관형사, '맨'은 사물의 성질이나 상태를 나타내는 성상 관형사이다. 관형어의 역할을 하는 관형사와 명사가 붙어 쓴 경우이다.

(19)
ㄱ. 왼손이 <u>한일을</u> 오른손이 모르게 하는 천품이었다.(한일을 → 한 일을)
ㄴ. 한강이남 최초 인가대학이라는 사실은 이미 알고 있었으나 김활란과의 인연도 있었다는것과 일본인과의 교류와 친분도 <u>있었다는점도</u> 처음알게되었다.(있었다는점도 → 있었다는 점도)
ㄷ. 이번과제로 인해 청주대학교 박물관을 <u>들린후</u> 교육에 대한 의미를 알게 되었다.(들린후 → 들린 후)
ㄹ. 평소 유적지나 현장을 <u>답사할기회가</u> 없던나는 이번에 우리학교 청대박물관을 답사하게 되었다.(답사할기회가 → 답사할 기회가)
ㅁ. 평소 학교를 <u>다닐때마다</u> 박물관이 지어지고 있는것은 알고 있었지만 별로 흥미를 가지고 있지는 않던 건물이 었다.(다닐때마다 → 다닐 때마다)
ㅂ. 이분들은 <u>어린나이에</u> 고향을 떠나 그후 혹독한 고난과 절망을 딛고 거부가 되었음에도 불구하고 결코 자신들의 안일만을 도모하지 않았다.(어린나이에 → 어린 나이에)
ㅅ. 청주대학교의 <u>오랜역사를</u> 한눈에 볼 수 있는 좋은 관람이었다.(오랜역사를 → 오랜 역사를)
ㅇ. 나는 과제를 받고 가장 먼저 한일은 <u>같은반</u> 친구들에게 박물관의 위치를 묻는 것이었다.(같은반 → 같은 반)

(19)는 관형사형 전성어미가 용언의 어간에 붙어 관형사절이 관형어로 쓰인 예이다. 용언의 어간에 붙어 관형사의 기능을 수행하게 하는 관형사

형 전성어미로서, '-ㄴ, -는, -은, -ㄹ, -을, -를' 등이 있다. 이러한 전성어미와 명사가 붙여 쓴 경우이다.

(2) 의존명사

의존명사는 의미적 독립성은 없으나 다른 단어 뒤에 의존하여 명사적 기능을 담당하므로, 하나의 단어로 이루어진다. 독립성이 없고 관형어와 함께 쓰이기 때문에, 앞 단어에 붙여 쓰느냐 띄어 쓰느냐 하는 문제가 논의의 대상이 되었지만, 문장의 각 단어는 띄어 쓴다는 원칙에 따라 띄어 쓴다. 의존명사는 사용빈도가 매우 높게 나타났고, 오류도 매우 많이 나타났다.

1) 단위성 의존명사

단위를 나타내는 의존명사는 그 앞의 수관형사와 띄어 쓴다.

(20)
ㄱ. 박물관은 총 <u>두개의</u> 층으로 나누어져 있었다.(두개의 → 두 개의)
ㄴ. <u>몇개의</u> 계단을 오르고 나니 유리문이 보였다.(몇개의 → 몇 개의)

'개'는 낱으로 된 물건을 세는 단위이다.

(21)
2층에는 여러가지 유물들이 있었다.(여러가지 → 여러 가지)

'가지'는 사물을 그 성질이나 특징에 따라 종류별로 낱낱이 헤아리는 말이다.

(22)
그리고 그림 몇장이 벽에 걸려져 있었다.(몇장이 → 몇 장이)

'장'은 종이나 유리 따위의 얇고 넓적한 물건을 세는 단위이다.

(23)
사진 밑에는 두분의 전기와 업보가 놓여 있는데 청주대학교를 세우기 까지의 과정이 적혀있었고, 이 전시실 앞에는 두분의 어렸을적 모습이 담긴 사진과 졸업한 학교의 졸업장이 전시되어 있다.(두분의 → 두 분의)

'분'은 높이는 사람을 세는 단위이다.

(24)
청암 김원근선생은 1897년 글방친구들이 거두어 준 전별금 석냥석돈을 가지고 청주장터에서 기름팔이, 성냥팔이를 시작하여 이듬해부터는 어물장수, 곡물장수 등으로 손을 키웠다.(석냥석돈을 → 석 냥 석 돈을)

'냥'은 예전에, 엽전을 세던 단위이고, '돈'은 예전에, 엽전을 세던 단위. 한 돈은 한 냥의 10분의 1이고 한 푼의 열 배인 단위이다.

(25)
<u>몇주전</u> 교수님께서 학교 박물관을 탐방해보고, 설립자에 대해서도 알아보고 이것을 제출하라 하셨기 때문에 가게 되었다.(몇주전 → 몇 주 전)

'주'는 이레 동안을 세는 단위이다.

(26)
<u>두번째로</u> 2층의 여러 가지 유물들을 보게 되었다.(두번째로 → 두 번째로)

'번'은 일의 차례 및 횟수를 세는 단위이다.

(27)
단점도 <u>몇군데</u> 있다.(몇군데 → 몇 군데)

'군데'는 낱낱의 곳을 세는 단위이다.

2) 비단위성 의존명사

(28)
ㄱ. 내가 <u>어릴적에</u> 온가족이 모여 식사를 할때 유독 할아버지와 아

버지만 개다리소반같은 작은 상에 따로 밥상을 차려 주셨다.(어릴적에 → 어릴 적에)
ㄴ. 내가 청석고등학교를 다닐 때만 하여도 김원근, 김영근 선생의 추모식관계로 여러번 <u>온적이</u> 있다.(온 적이)

'적'은 일부 명사나 어미 '-은, -을' 뒤에 쓰여 그 동작이 진행되거나 그 상태가 나타나 있는 때, 또는 지나간 어떤 때를 가리키는 의존명사이다.

(29)
ㄱ. 앞으로도 다른 박물관도 찾아가서 지금보다 발전 <u>할수있는</u> 계기를 만들어야 겠다고 다짐해본다.(할수있는 → 할 수 있는)
ㄴ. 이 설립이 독립운동의 일환으로 까지 생각해보니 참 위대하신 <u>분들일수 밖에</u> 없었다.(분들일수 밖에 → 분들일 수밖에)

'수'는 어미 '-은, -는, -을' 뒤에 쓰여 주로 '있다, 없다' 따위와 함께 쓰여 어떤 일을 할 만한 힘이나 가능성을 나타내는 의존명사이다.

(30)
ㄱ. 유품 중에는 담배파이프, 고무신, 지팡이, <u>안경등이</u> 있었다.(안경등이 → 안경 등이)
ㄴ. 그리고 고무신 뿐만 아니라 많은 서적과 모자, <u>가방등도</u> 있었다.(가방등도 → 가방 등도)

'등'은 명사나 어미 '-는' 뒤에 쓰여 그 밖에도 같은 종류의 것이 더 있음을 나타내거나, 명사 뒤에 쓰여 열거한 대상이 복수임을 나타내거나 그

것들을 한정함을 나타내는 의존명사이다.

(31)
ㄱ. 청동기 시대 조상들이 식량확보를 위해 짐승들을 잡던 돌화살촉을 보니 간이 서늘하기도 하고 대담함과 날렵함 등을 엿볼수있어 <u>좋은 것같다.</u>(좋은것같다 → 좋은 것 같다)
ㄴ. 위에 말한 것 처럼 <u>고칠것은</u> 고치며 좋은 시설등 앞으로 들어올 우리들의 후배들을 위해 깨끗이 잘 보존하여야겠다고 생각한다.(고칠것은 → 고칠 것은)

'것'은 사물, 일, 현상 따위를 추상적으로 이르거나 동물을 이르는 의존명사이다. 사람을 나타내는 명사나 대명사 뒤에 쓰여 그 사람의 소유물임을 나타내는 말이다. '-는/은 것이다' 구성으로 쓰여 말하는 이의 확신, 결정, 결심 따위를 나타내고, '-ㄹ/을 것이다' 구성으로 쓰여 말하는 이의 전망이나 추측, 또는 주관적 소신 따위를 나타낸다. 또한, '-ㄹ/을 것' 구성으로 쓰여 명령이나 시킴의 뜻을 나타내면서 문장을 끝맺는 말이다.

(32)
ㄱ. 그리고 국가재정 확보를 위한 자진납세에 있어 <u>공헌한바</u> 타의 모범이 되어 충청북도지사가 공로표창장을 주신 것도 있다.(공헌한바 → 공헌한 바)
ㄴ. 물론 고등학교때도 두 선생의 이야기를 많이 <u>들은바</u> 있다.(들은바 → 들은 바)

'바'는 앞에서 말한 내용 그 자체나 일 따위를 나타내는 의존명사이다.

어미 '-을' 뒤에 쓰여 일의 방법이나 방도를 나타내거나, 주로 '-은/는/을 바에(는)' 구성으로 쓰여 앞말이 나타내는 일의 기회나 그리된 형편의 뜻을 나타내는 말이다. 또한, 일인칭 대명사를 주어로 하고 '-는 바이다' 구성으로 쓰여 자기 주장을 단언적으로 강조하여 나타내는 말이다.

(33)
ㄱ. 아무런 의미가 없어보이고 간단해 보이는 <u>물건들일줄만</u> 알았던 것들도 그 속에 많은 의미와 용도, 조상들의 지혜가 담겨 있다는 것을 깨달았다.(물건들일줄만 → 물건들일 줄만)
ㄴ. 학교에 박물관이 <u>있는줄은</u> 알았지만 가본적은 없었다.(있는줄은 → 있는 줄은)

'줄'은 어떤 방법, 셈속 따위를 나타내는 의존명사이다.

(34)
ㄱ. 교수님께서 이런 숙제를 내주시지 않았다면 대학 다니는 4년동안 한번도 들어가볼 생각이 <u>없었기때문이다.</u>(없었기때문이다 → 없었기 때문이다.)
ㄴ. <u>숙제때문</u>에 가게 된 것이기는 하지만 설립자를 기리기 위해 박물관을 세웠다는 사실이 좀 놀라웠다.(숙제때문에 → 숙제 때문에)

'때문'은 명사나 대명사, 어미 '-기, -은, -는, -던' 뒤에 쓰여 어떤 일의 원인이나 까닭을 나타내는 의존명사이다.

(35)
　그리고 <u>그밖의</u> 구시대의 유물이 전시되어 있었다.(그밖의 → 그 밖의)

'밖'은 일정한 한도나 범위에 들지 않는 나머지 다른 부분이나 일을 나타내는 의존명사이다.

(36)
　ㄱ. 그리고 이 건물은 두분 선생님의 "형제산의 기운"이라고 <u>할만큼</u> 그들의 열정과 혼이 담겨져 있는 것 같다.(할만큼 → 할 만큼)
　ㄴ. 다른 박물관 보다는 그리 규모는 크지않지만 손색이 <u>없을만큼의</u> 유물들이 전시되어 있었다.(없을만큼의 → 없을 만큼의)

'만큼'은 주로 어미 '-은, -는, -을' 뒤에 쓰여 앞의 내용에 상당하는 수량이나 정도임을 나타내는 의존명사이다. 주로 어미 '-은, -는, -던' 뒤에 쓰여 뒤에 나오는 내용의 원인이나 근거가 됨을 나타내는 말이다.

(37)
　'대학인의 글쓰기'의 수업과제로 시작된 청석 박물관 견학은 어쩌면 4년 동안 매번 지나치면서도 견학의지를 갖지도 <u>못한채</u> 졸업했을지도 모르는 나에게 청석학원의 설립의미를 새롭게 느끼게 해주는 좋은기회를 주었다.(못한채 → 못한 채)

'채'는 '-은/는 채로' 구성으로 쓰여 이미 있는 상태 그대로 있다는 뜻을 나타내는 의존명사이다.

(38)
　청주대학교의 뿌리가 어디인지 건립의미와 건립계기, 우리가 깨닫지 못한채 학교를 무의미하게 <u>여길뻔했던</u> 우리의 자세가 청암·석정 형제 분께 송구스러울뿐이다.(여길뻔했던 → 여길 뻔했던)

'뻔'은 어미 '-을' 뒤에 쓰여 어떤 일이 자칫 일어날 수 있었으나 그렇게 되지 아니하였다는 뜻을 나타내는 의존명사이다.

(39)
　자신에게 냉정하고 가혹하기보다는 자신의 안일을 위해 사치를 <u>즐길 뿐아니라</u> 교육구국을 이룩하려던 건국이념을 이루기보다 학점채우기에 급급한 우리들을 보면 청석학원의 학생으로서 자부심을 잃은것같아 아쉽다.(즐길뿐아니라 → 즐길 뿐 아니라)

'뿐'은 어미 '-을' 뒤에 쓰여 다만 어떠하거나 어찌할 따름이라는 뜻을 나타내는 의존명사이다. '-다 뿐이지' 구성으로 쓰여 오직 그렇게 하거나 그러하다는 것을 나타내는 말이다.

(40)
　설립자분들은　보통사람과는　많이　<u>다른분들이었다.</u>(다른분들이었다 → 다른 분들이었다)

'분'은 사람을 높여서 이르는 의존명사이다.

(41)
　ㄱ. 전시실의 <u>유품중</u> 여름중절모와 겨울모자를 보면 경쾌한 여름 모자가 앞서서 길을 모색하는 청암 선생의 요령의 기호이고, 툭툭한 겨울모자는 뒤에서 밀어주는 석정 선생의 우직한 뚝심의 상징이다.(유품중 → 유품 중)
　ㄴ. 해방 후의 혼란과 사상적 대립속에서도 50년 6.25 <u>전란중</u> 청주대학으로 교명을 변경하였다.(전란중 → 전란 중)

'중'은 여럿의 가운데 또는 일부 명사 뒤에 쓰여 '-는/-던' 뒤에 쓰여 무엇을 하는 동안을 나타내는 의존명사이다.

(42)
　ㄱ. 박물관 안을 둘러 <u>보는데는</u> 오랜시간이 걸렸다.(보는데는 → 보는 데는)
　ㄴ. <u>글쓰는데</u> 소질이 없는데 가끔 이런과제를 하는것도 좋은 경험인것 같다.(글쓰는데 → 글쓰는 데)

'데'는 '곳, 장소, 일, 것, 경우'의 뜻을 나타내는 의존명사이다.

(43)
　나는 학교를 지을 돈으로 우리 가족과 나만 잘 먹고 살 생각을 <u>했을 텐데</u>.(했을텐데 → 했을 텐데)

'터'는 어미 '-을' 뒤에 쓰여 '예정'이나 '추측, 의지'의 뜻을 나타내거나 어미 '-은, -는, -던' 뒤에 쓰여 '처지'나 '형편'의 뜻을 나타내는 의존명사이다.

(44)
일제의 탄압이 심할터인데 어찌 이러한 강한신념과 의지를 가질수있는지 존경스러울따름이다.(존경스러울따름이다 → 존경스러울 따름이다)

'따름'은 주로 '-을 따름이다' 구성으로 쓰여 오로지 그것뿐이고 그 이상은 아님을 나타내는 의존명사이다.

(45)
ㄱ. 청주대학교에 입학한지 벌써 한학기가 지났다.(입학한지 → 입학한 지)
ㄴ. 발걸음을 돌린지 얼마 되지 않아서 나는 다시 멈출수 밖에 없었다.(돌린지 → 돌린 지)

'지'는 어미 '-은' 뒤에 쓰여 어떤 일이 있었던 때로부터 지금까지의 동안을 나타내는 의존명사이다.

(46)
이외에도 박물관에서 우리나라의 인쇄문화와 토기에서 청자에 이르기까지 여러 가지 유물들을 볼 수 있었다.(이외에도 →이 외에도)

'외'는 일정한 범위나 한계를 벗어남을 나타내는 의존명사이다.

(47)
단순히 지루하게 보고 있던참에 2층으로 올라가는 계단이 보였다.(있던참에 → 있던 참에)

'참'은 어미 '-은, -던' 뒤에 쓰여 무엇을 하는 경우나 때 또는 어미 '-는, -을' 뒤에 쓰여 무엇을 할 생각이나 의향을 나타내는 의존명사이다.

2. 동사

'있다'는 어떤 사물이 일정한 곳에 자리를 차지하고 있는 의미의 뜻인 동사로 쓰인다. 또한, 어미 '-고' 다음에 쓰이어 어떤 동작을 현재 계속하다의 보조용언으로 쓰인다. 이 동사는 접미사로 쓰이지 않기 때문에 선행하는 단어와 띄어 써야 한다. 의존명사 '수'와 붙여 쓴 오류를 많이 볼 수 있었다.

(48)
ㄱ. 얼마나 검소한 생활을 하셨는 지를 알수있었기 때문이다.(알수있었기 → 알 수 있었기)
ㄴ. 2층으로 올라가면 1층의 분위기와 다르게 많은 토기들을 볼 수 있었다.(볼 수 있었다 → 볼 수 있었다)
ㄷ. 이렇게 청주대학교 박물관 탐방기를 끝낼수있었다.(끝낼수있었다 → 끝낼 수 있었다)

3. 형용사

'같다'는 '서로 다른 것이 아니다, 또는 서로 한 모양을 이루고 있다, 동일하다, 비슷하다'의 의미를 가진 형용사이다. 접미사로 쓰이지 않기 때문에 앞의 단어와 띄어 써야 한다. 앞의 체언과 붙여 쓴 오류가 많이 발견되고 있다.

(49)
ㄱ. 특히, 모자와 신발은 엄청나게 큰 것이 큰 거인의 신발같았다. (신발같았다 →신발 같았다)
ㄴ. 그 중에 가장 많은 관심을 끌었던 것은 바로 자기나 백자같은 전시품 이었다.(백자같은 → 백자 같은)
ㄷ. 어느덧 찜통같은 더위는 서서히 물러가고 선선한 바람이 옷깃사이로 스며들며 내 마음을 시원하게 해주는 가을이 성큼다가왔다.(찜통같은 → 찜통 같은)

4. 부사

부사는 용언 또는 다른 말 앞에 놓여 그 뜻을 분명하게 하는 품사이다. 부사의 띄어쓰기 오류는 주로 성분부사에서 보이는데, 성분부사의 꾸밈을 받는 말과 붙여 쓴 오류를 많이 볼 수 있었다.

(50)
ㄱ. 더구나 그들은 형제라는 점에서 <u>다시한번</u> 가슴 찡한 모습을 보여준다.(다시한번 → 다시 한번)
ㄴ. 고등학교 때도 그렇고 대학 와서도 이공계열이다 보니 글을 쓸 일이 <u>전혀없었다.</u>(전혀없었다 → 전혀 없었다)

Ⅳ. 결론

지금까지 학생들의 과제물인 '청주대 박물관 답사기'의 띄어쓰기 오류를 문법요소별로 분석해 보았다. 위의 결과를 정리하면 다음과 같다.

첫째, 붙여 써야 할 곳을 띄어 쓴 경우이다. 조사는 그 앞말에 붙여 써야 되는데, 띄어 쓴 경우이다. 그리고 어미의 경우에도 붙여 써야 되는데, 몇몇의 어미에서 띄어 쓴 오류가 발견되었다. 또한 접사에는 '한, 맨'과 같이 동일한 형태가 접두사와 관형사로 쓰이는 두 가지 의미를 지닌 말에서 띄어 쓴 오류가 발견되었다. 그리고 '하다, 되다, 받다, 싶다'와 같이 용언으로 쓰이고, 체언에 붙어 접미사로 쓰이는 경우에 오류를 발견할 수 있었다.

둘째, 띄어 써야 할 곳을 붙여 쓴 경우이다.

명사에서 고유명사는 성과 이름, 성과 호 등은 붙여 쓰고, 호칭어, 관직명 등은 띄어 쓰는 것이 원칙이나 붙여 쓴 오류를 보이고 있다. 또한 명사를 꾸며주는 관형어와 명사가 붙여 쓴 오류가 많이 발견되었다. 특히, 관형어와 의존명사의 결합은 아주 자연스러운 현상으로 느껴질 정도로 많은 오류가 나타났다. 그리고 용언의 경우는 몇몇 단어, '있다, 같다' 등이 앞의 명사와 붙어 쓴 오류를 발견할 수 있었다. 또한 부사는 성분부사와 꾸밈을 받는 말과 붙여 쓰는 오류를 많이 볼 수 있었다.

이러한 오류의 양상을 좀더 고찰해 보면 아래와 같은 두 가지의 사실을 발견할 수 있었다.

첫째, 동일한 형태가 경우에 따라 다르게 쓰이는 경우이다.

1. '뿐, 만큼, 밖, 중, 밖' 등은 조사, 자립명사, 의존명사 등 여러 기능으로 쓰이는 경우이다.

2. '보다'는 눈으로 대상의 존재나 형태적 특징을 안다는 뜻인 동사로, 체언 뒤에 붙어 앞말의 비교의 기준이 되는 부사격 조사로 쓰이고 있다.

3. '하다, 되다, 받다, 싶다'의 경우는 용언으로 쓰이기도 하고, 체언에 붙어 접미사로 쓰이고 있다.

4. '-ㄴ데, -ㄴ 데'와 '-ㄴ지, -ㄴ 지'의 경우로 어미와 의존명사로 달리 쓰이는 경우이다.

5. '한, 맨'은 관형사와 일부 명사 앞에 붙어 새로운 단어를 생성케 하는 접두사로 쓰이는 경우이다.

둘째, 두 개의 형태론적인 단어가 언제나 하나의 단어처럼 띄어 쓰지 않고 붙여 쓴 오류가 많이 나타났다. 그리고 체언과 조사가 결합할 때는 붙여 쓰는 것이 원칙이나 띄어 쓴 경우를 많이 볼 수 있었다.

1. 두 개의 형태론적인 단어가 붙여 쓴 경우로 '관형어+명사'가 결합할 때와 성분부사가 꾸밈을 받는 말과 결합할 때이다.

• <u>이번과제로</u> 인해 청주대학교 박물관을 들린후 교육에 대한 의미를 조금이라도 알게 되어 어릴적 자주 가보았던 흥덕사지 고인쇄박물관을 다시 가보고 싶다는 생각을 하였다.
• <u>이분</u>들은 <u>어린나이</u>에 고향을 떠나 그후 혹독한 고난과 절망을 딛고 거부가 되었음에도 불구하고 결코 자신들의 안일만을 도모하지 않았다.
• 왼손이 <u>한일</u>을 오른손이 모르게 하는 천품이었다.
• 박물관은 총 <u>두개</u>의 층으로 나누어져 있었다.
• 박물관을 들어서자마자 두 선생님의 물건들을 <u>볼수</u>가 있었다.
• 더구나 그들은 형제라는 점에서 <u>다시한번</u> 가슴 찡한 모습을 보여준다.

2. 체언과 조사가 결합할 때 띄어 쓰는 경우이다. 주격조사인 '-께서'와 부사격조사, 보조사 등은 띄어 쓰는 경향을 많이 볼 수 있었다.

• 몇주전 <u>교수님 께서</u> 학교 박물관을 탐방해보고, 설립자에 대해서도 알아보고 이것을 제출하라 하셨기 때문에 가게 되었다.
• 형제분들은 <u>청년거상 으로</u> 성장하셨지만 식민치하의 우리나라를 치욕으로 생각하셨다.
• 이 설립이 독립운동의 일환으로 까지 생각해보니 참 위대하신 <u>분들일수 밖에</u> 없었다.

이것은 형태론적인 단어를 정의할 때 분리성과 자립성을 기준으로 정의되는데 있어서, 형태론적인 단어의 개념과 일치하지 않는 부분이다. 관형어와 명사의 결합은 우리가 음성언어에서는 붙여 읽고, 문자언어일 경우는 띄어 쓴다. 그리고 체언과 조사의 경우는 붙여 쓰지만 음성언어로 발화 시 약간의 음운론적 휴지가 있어 띄어 쓰는 오류가 발견되었다. 이것은 대학생들이 문자언어와 음성언어의 특성을 구분하지 않고 음성언어를 그대로 문자언어로 옮김으로써 생기는 오류가 아닐까 생각한다.

띄어쓰기는 독서할 때 자연스러운 호흡을 하는 표시이다. 자연스러운 호흡은 글을 읽는 사람이나 듣는 사람이 그 의미를 쉽게 이해하도록 한다. 따라서 띄어쓰기는 의미적인 중의성을 해소하고, 논리적인 관계를 표시하기 위한 의미를 구분하는 표지이다.

현대는 컴퓨터의 등장으로 인하여 우리는 정보화 사회를 살아가고 있다. 정보화 사회에서는 정보 전달 매체가 급속도로 발전하면서 다양화되고 있는데, 이런 시대일수록 자신의 생각을 말이나 글로써 정확하고 효과적으로 표현하는 능력은 필수적이다. 특히, 글은 우리가 복잡하게 전개되는 세계를 인식하는 행위이면서, 자기의 전부를 드러내는 행위라 할 수 있기 때문에 더욱더 세심한 배려가 요구되고 있다. 이러한 글쓰기에 있어서 올바른 규범을 바르게 인식함으로써 보다 정확하고 신속하게 우리의 생각을 표현할 수 있지 않을까 생각한다.

제3부
텍스트 변환을 통한 글쓰기 지도의 실제 - 판결문

Ⅰ. 서론
Ⅱ. 어휘·문장 변환
Ⅲ. 논술 텍스트로의 변환
Ⅳ. 결론

Ⅰ. 서론

판결문(判決文)은 "법원이 판결을 내린 사실, 이유 및 판결주문[1] 따위를 적은 문서"를 말한다. 따라서 판결문은 어떤 사물이나 사회의 여러 가지 현상, 다른 사람의 주장이나 생각에 대한 명확한 인식을 통해 논리적이고 합리적으로 문제를 해결해 나가는 종합적 사고 과정을 글쓰기의 형태로 표현한 것이다. 이것은 말이나 글로써 어떤 문제에 대하여 자신의 의견(단정이나 주장)을 제시하고, 그 타당성을 논리적으로 증명하여 청자나 독자가 그 의견을 믿게 하는 논술 텍스트에 해당된다.

논술 텍스트는 인간의 지성에 호소하는 글이므로 주제가 명확해야 하며, 쉽고 명쾌하게 표현되어야 하고, 사실과 의견이 구분되어야 한다. 어떤 문제를 제기하거나 해결할 목적으로 자신의 의견, 주장 따위를 논리적으로 밝히는 것이다. 여기서 '말이나 글'은 논술의 수단이며, '자신의 의견'(단정이나 주장)은 논술의 대상이고, '그 타당성을 논리적으로 증명하는 것'은 논술의 과정이며, '청자나 독자가 그 의견을 믿게 하는 것'은 논술 텍스트의 목적이다.

---

[1] 판결주문(判決主文) : (법률)판결의 결론 부분. 민사 소송에서는 청구의 적부(適否) 및 당부(當否)에 대한 판단·소송 비용·가집행 선고 따위가 실리고, 형사 소송에서는 공소 기각·면소·무죄·형의 선고 및 소송 비용 따위가 표시된다. 선고할 때 이 부분은 반드시 낭독하여야 한다.(국립국어연구원 표준국어대사전)

이런 점에서, 본 논문은 판결문이 가지는 논술텍스트의 특성을 기초로 주어진 조건에 맞춰 텍스트 변환을 하고자 한다. 이러한 텍스트 변환과정을 통하여 전체 텍스트를 구성하는 요소들이 어떻게 상호 작용하며 유기적인 관련을 맺고 있는가를 밝힘으로써, 국어 교육에서 문장지도를 효과적으로 전개하기 위한 한 과정을 제시하는 것이 본 논문의 목표이다.

Ⅱ. 어휘·문장의 변환

김광해(2000: 22-3)는 우리나라 판결문들의 텍스성이 "비교적 텍스트다움, 텍스트답지 못함, 결코 텍스트답지 못함" 등의 유형으로 나누어 검토하였다. 지금까지 '어딘가 이상한 문장'이라는 식의 잘못된 부분들, 복잡성에 기인한 오류로 점철되어 있는 텍스트의 분석에서 발견된 오류의 유형을 다음과 같이 제시하였다.

1) 조사 - 조사 사용 이상
2) 구성 - 접속 방식이나 내포 방식 이상
3) 배열 - 어순, 단어 배열 방식 이상
4) 성분 - 필요한 성분의 누락 등
5) 수식 - 수식 방식 이상
6) 호응 - 호응 관계 결여

7) 내포 - 내포문 구성 방식 이상

8) 접속 - 접속어미 사용 등 접속문 구성 방식 이상

9) 대체 - 지시어 등 대체 표지 사용 이상

10) 정보 - 불필요한 정보 첨가, 필요한 정보의 누락

11) 문법범주 - 문법범주의 구사 이상

12) 단어 - 단어 사용 부정확

13) 길이 - 지나치게 긴 문장 등

14) 나열방식 - 정상적 나열 방식 위반

15) 기타 - 관습적 표현 등

위의 항목들을 참고하면서 이 장에서는 아래의 제시된 조건 1, 2)에 따라 어휘·문장 변환을 해보도록 하겠다.

조건 1 : 문장 텍스트 내 어휘를 가급적 고유어로 바꾸어 작성할 것.
이곳에서는 국립국어원(2003)에서 펴낸 국어 순화 자료집 합본을 참고하였다. 이 책에는 어렵고 낡은 한자어와 일본식 한자어, 일본어투 용어, 서양 외국어와 외래어, 그밖에 틀리게 쓰는 말에 대한 순화용어를 제시하고 있다. 본 논문은 텍스트에 나오는 순화대상용어 중 '순화한 용어만 쓰기'와 '순화를 권고'한 것은 순화용어로 교체하고, 둘다 쓰일 수 있는 것은 문맥에 따라 적절한 어휘를 선택하였다.

조건 2 : 주어진 텍스트를 변환할 때, 문장이 가급적 2줄을 넘지 않도록 작성할 것.

제시된 판결문 텍스트의 특성은 문장이 매우 길다. 단문이 계속해서 연결어미에 의해서 나열되고 있다. 이런 점에서, 판결문이 전달하고자 하는 실질적인 내용을 전개해 가는 내용단락을 우선 구분한 다음, 연결어미 중 의미적으로 종결어미의 성격을 띠는 것을 종결어미로 대체함으로써 좀더 문장이 간결해질 수 있도록 하였다.

1. 텍스트 1의 변환

종원[2]의 자격을 성년 남자로만 제한하고 여성에게는 종원의 자격을 부여하지 않는[3] 종래[4] 관습에 대하여 우리 사회 구성원들이 가지고 있던 법적 확신은 상당 부분 흔들리거나 약화되어 있고,

S1: 종원(종회의 회원, 이하 : 종원)의 자격을 성년 남자로만 제한하는 이제까지의 관습에 대하여 우리 사회 구성원들이 가지고 있던 법적 확신은 상당 부분 흔들리거나 약화되어 왔다.

---

2) 종원 : '종회의 회원'의 줄임말.
3) 종원의 자격을 성년 남자로만 제한하고 여성에게는 종원의 자격을 부여하지 않는 : 종원의 자격을 성년 남자로만 제한하는(의미 중복)
4) 종래(從來) : 이제까지(국어순화자료집, p.407.)

무엇보다도 헌법을 최상위 규범으로 하는 우리의 전체 법질서는 개인의 존엄과 양성의 평등을 기초로 한 가족생활을 보장하고, 가족 내의 실질적인 권리와 의무에 있어서 남녀의 차별을 두지 아니하며, 정치·경제·사회·문화 등 모든 영역에서 여성에 대한 차별을 철폐하고5) 남녀평등을 실현하는 방향으로 변화되어 왔으며, 앞으로도 이러한 남녀평등의 원칙은 더욱 강화될 것인바,

    S2: 무엇보다도 헌법을 최상위 규범으로 하는 우리의 전체 법질서는 많은 변화를 가져 왔다.
    S3: 개인의 존엄성과 양성평등을 기초로 한 가족 생활을 보장하고, 가족 내의 실질적인 권리와 의무에 있어 남녀의 차별을 두지 않고 있다.
    S4: 또한, 정치·경제·사회·문화 등 모든 영역에서 여성에 대한 차별을 없애고, 남녀평등을 실현하는 방향으로 변화되어 왔다.
    S5: 앞으로도 이러한 남녀평등의 원칙은 강화될 것이다.

종중은 공동선조의 분묘6)수호와 봉제사7) 및 종원 상호간8)의 친목을 목적으로 형성되는 종족9)단체로서 공동선조의 사망과 동시에 그 후손에 의

---

5) 철폐하다(撤廢-) : 없애다(국어순화자료집, p.428.)
6) 분묘(墳墓) : 무덤(국어순화자료집, p.200.)
7) 봉제사(奉祭祀) : 조상의 제사를 받들어 모심.
8) 상호간(相互間) : 서로 간(국어순화자료집, p.226.)
9) 종족(種族) : 조상이 같고, 같은 계통의 언어·문화 등을 가지는 사회 집단.

하여 자연발생적으로 성립하는 것임에도, 공동선조의 후손 중 성년 남자만을 종중의 구성원으로 하고 여성은 종중의 구성원이 될 수 없다10)는 종래의 관습은, 공동선조의 분묘수호와 봉제사 등 종중의 활동에 참여할 기회를 출생에서 비롯되는 성별만에 의하여 생래적11)으로 부여하거나12) 원천적으로 박탈하는13) 것으로서,

    S6: 종중은 공동선조의 묘를 지키고 보호하며 제사를 받들어 모시고, 또한 종원 서로 간의 친목을 목적으로 형성되는 종족단체이다.
    S7: 공동선조의 사망과 동시에 그 후손에 의하여 자연발생적으로 성립하는 것이다.
    S8: 이제까지의 관습은 공동선조의 후손 중 성년 남자만을 종중의 구성원으로 한다.
    S9: 이것은 여러 종중의 활동에 참여할 기회가 출생시의 성별만에 의하여 결정되는 것이다.

위와 같이 변화된 우리의 전체 법질서에 부합하지14) 아니하여 정당성과 합리성이 있다고 할 수 없다. 따라서 종중 구성원의 자격을 성년 남자만으

---

10) 성년 남자만을 종중의 구성원으로 하고 여성은 종중의 구성이 될 수 없다 : 성년 남자만을 종중의 구성원으로 한다(의미 중복)
11) 생래적(生來的) : 타고난(국어순화자료집, p.227.)
12) 부여하다(賦與-) : 주다(국어순화자료집, p.197.)
13) 박탈하다(剝奪-) : 빼앗다(국어순화자료집, p.174.)
14) 부합하다(符合-) : (들어) 맞다(국어순화자료집, p.199.)

로 제한하는 종래의 관습법은 이제 더 이상 법적 효력을 가질 수 없게 되었다고 할 것이다.15)

　　S10: 이제까지의 관습은 위와 같이 변화된 우리의 전체 법질서에 맞지 않고, 정당성과 합리성이 없다.
　　S11: 따라서 종중 구성원의 자격을 성년 남자만으로 제한하는 이제까지의 관습법은 이제 더 이상 효력을 가질 수 없게 되었다.

2. 텍스트 2의 변환

　　종중 구성원의 자격에 관한 대법원의 견해의 변경은 관습상의 제도로서 대법원판례에 의하여 법률관계가 규율되어 왔던 종중제도의 근간16)을 바꾸는 것인바, 대법원이 이 판결에서 종중 구성원의 자격에 관하여 위와 같이 견해를 변경하는 것은 그동안 종중 구성원에 대한 우리 사회일반17)의 인식 변화와 아울러 전체 법질서의 변화로 인하여 성년 남자만을 종중의 구성원으로 하는 종래의 관습법이 더 이상 우리 법질서가 지향하는 남녀평등의 이념에 부합하지 않게 됨으로써 그 법적 효력을 부정하게 된 데에 따른 것일 뿐만 아니라,

---

15) 가질 수 없게 되었다고 할 것이다 : 가질 수 없게 되었다.(서술어가 길다)
16) 근간(根幹) : 바탕(국어순화자료집, p.61.)
17) 우리 사회일반의: 우리 사회의 일반적인 인식변화

S1: 종중 구성원의 자격에 관한 대법원 견해의 변경은 관습상의 제도로서 대법원판례에 의하여 법률관계가 규율되어 왔던 종중제도의 바탕을 바꾸는 것이다.
　　S2: 대법원이 이 판결에서 종중 구성원의 자격에 관하여 위와 같이 견해를 변경하는 것은 그동안 종중 구성원에 대한 우리 사회의 일반적인 인식이 변했기 때문이다.
　　S3: 아울러, 전체 법질서의 변화로 인하여 성년 남자만을 종중의 구성원으로 하는 이제까지의 관습법이 더 이상 우리 법질서가 지향하는 남녀평등의 이념에 맞지 않는다.
　　S4: 그 법적효력이 없기 때문이다.

　위와 같이 변경된 견해를 소급하여[18] 적용[19]한다면, 최근에 이르기까지 수십 년 동안 유지되어 왔던 종래[20] 대법원판례를 신뢰하여 형성된 수많은 법률관계의 효력을 일시에[21] 좌우하게[22] 되고, 이는 법적 안정성과 신의성실의 원칙에 기초한 당사자의 신뢰보호를 내용으로 하는 법치주의의 원리에도 반하게[23] 되는 것이므로, 위와 같이 변경된 대법원의 견해는 이 판결 선고 이후의 종중 구성원의 자격과 이와 관련하여 새로이 성립되는

---

18) 소급하다(遡及-) : 거슬러 올라가다.(국어순화자료집, p.242.)
19) 소급효(遡及效) : (법률) 법률이나 법률 요건의 효력이 법률 시행 전, 또는 법률 요건 성립 이전으로 거슬러 올라가 효력이 생기는 일.
20) 최근에 이르기까지 수십 년 동안 유지되어 왔던 종래 : 최근에 이르기까지(의미 중복)
21) 일시에(一時-) : (부사) 한꺼번에
22) 좌우하다(左右-) : 어떤 일에 영향을 미치다.
23) 반하다(反-) : 거스르다(국어순화자료집, p.175.)

법률관계에 대하여만 적용된다고 함이 상당하다[24].

   S5: 위와 같이 변경된 견해를 소급하여 적용한다면, 최근에 이르기까지 대법원판례를 신뢰하여 형성된 수많은 법률관계의 효력에 한꺼번에 영향을 미치는 것이다.
   S6: 이는 법적 안정성과 신의·성실의 원칙에 기초한 당사자의 신뢰보호를 내용으로 하는 법치주의의 원리에도 어긋나는 것이다.
   S7: 그러므로 위와 같이 변경된 대법원의 견해는 이 판결 선고 이후의 종중 구성원의 자격과 이와 관련하여 새로이 성립되는 법률관계만 적용되는 것이 옳다.

다만, 대법원이 위와 같이 종중 구성원의 자격에 관한 종래의 견해를 변경하는 것은 결국 종래 관습법의 효력을 배제하여[25] 당해[26] 사건을 재판하도록 하려는 데에 그 취지[27]가 있고, 원고들이 자신들의 권리를 구제받기[28] 위하여 종래 관습법의 효력을 다투면서[29] 자신들이 피고 종회의 회

---

24) 상당하다 : 相当する:상당;상응;해당;어울림(日韓辭典, p.1453.)
    魚のえらは人の肺に相当する。 (물고기의 아가미는 사람의 폐에 상당한다)
    それに相当する英語はない。 (그것에 상당[해당]하는 영어는 없다)
25) 배제하다(排除-) : 물리치다(국어순화자료집, p.180.)
26) 당해(當該) : 이, 그(국어순화자료집, p.97.)
27) 취지(趣旨) : 본뜻, 뜻(국어순화자료집, p.439.)
28) 권리를 구제받다: 권리를 찾다
29) 관습법의 효력을 다투다: 관습법의 효력에 대한 의견과 이해의 대립으로 서로 따지며 싸우다.

원(종원) 자격이 있음을 주장하고 있는 이 사건에 대하여도 위와 같이 변경된 견해가 적용되지 않는다면, 이는 구체적인 사건에 있어서 당사자의 권리구제를 목적으로 하는 사법작용의 본질[30]에 어긋날 뿐만 아니라 현저히[31] 정의에 반하게 되므로, 원고들이 피고 종회의 회원(종원) 지위의 확인을 구하는[32] 이 사건 청구에 한하여는 위와 같이 변경된 견해가 소급하여 적용되어야 할 것이다(대법관 6인의 별개의견 있음).

S8: 다만, 대법원이 위와 같이 종중 구성원의 자격에 관한 이제까지의 견해를 변경하는 것은 관습법의 효력을 배제하여 이번 사건을 재판하도록 하려는 데에 그 뜻이 있다.
S9: 이 사건은 원고들이 자신들의 권리를 찾기 위하여 이제까지의 관습법의 효력에 반대 의견을 낸 것이다.
S10: 이 사건은 원고 자신들이 피고 종원 자격이 있음을 주장하고 있는 것이다.
S11: 이 사건에 대하여 변경된 견해가 적용되지 않는다면, 이는 구체적인 사건에 있어서 당사자의 권리구제를 목적으로 하는 사법작용의 본바탕에 어긋난다.
S12: 또한 뚜렷이 정의에 어긋나는 것이다.
S13: 이러한 이유로, 원고들이 피고 종원 지위를 인정받고자 하

---

30) 본질(本質) : 본바탕(국어순화자료집, p.194.)
31) 현저히(顯著-) : 뚜렷이, 두드러지게(국어순화자료집, p.527.)
32) 확인을 구하는 : 인정받고자 하는
    확인(確認) : 틀림없이 그러한가를 알아보거나 인정함. 또는 그런 인정.(법률) 특정한 사실이나 법률 관계의 존속·폐지를 판단하여 인정함.
    구하다(求-) : 필요한 것을 찾거나 얻다.

는 이 사건 청구에 한하여는 위와 같이 변경된 견해가 소급 적용되어야 할 것이다.

이상의 검토에 따르면 판결문의 문장 상황은 총체적으로 부실한 상황이라 규정할 수 있다. 그 내용이 어렵기보다는 글이 국어의 구성 원리에 맞지 않게 짜여져 있기 때문이다.

제시된 판결문에서 문장의 문제를 야기하는 근본적인 원인은 두 가지이다. 첫째, 어휘적인 측면에서 어렵고 낡은 한자어와 일본식 한자어가 쓰이고 있다는 점이다. 둘째, 문장 구성측면에서 이 글들은 끊임없이 이어지는 문장으로 쓰여져 있다는 점이다. 이러한 악습의 원천은 많은 사람들이 의심을 가지고 있는 것처럼, 일본의 법조계 문장 영향 때문인 것 같다. 필자가 조사한 바에 따르면 일본의 많은 판결문들도 매우 긴 문장으로 이루어져 있음을 알 수 있었다.

Ⅲ. 논술 텍스트로의 변환[33]

1. 논술 텍스트의 정의

논술 텍스트를 제대로 이해하기 위해서는 우선 '텍스트'라는 용어의 개념부터 파악할 필요가 있다. 텍스트(text)란 용어는 그 기원을 '짜 맞추다', '엮다'라는 의미를 지닌 라틴어의 'textus'라는 단어로부터 찾을 수 있듯이, 부분들간의 '연결', '관련성'이라는 의미를 지닌다. 텍스트의 개념을 원진숙(1995)은 "의사전달을 목적으로 하여 구체적인 언어 행위로 실현되는 문장 이상의 언어 단위"로서 "서로 관련성을 지닌 문장들의 연쇄체로 이루어진 유의적 총체"로 파악하고 있다.

텍스트에 관한 이러한 관점에서 본다면 논술 텍스트란 "필자가 자신과 견해를 달리하는 보이지 않는 독자를 상정하여 자신의 신념이나 의견을 받아들이도록 독자를 설득시키기 위한 글의 양식"으로 볼 수 있을 것이다. 이러한 논술 텍스트의 구조적 특성은 텍스트를 기본적으로 필자와 독자 사이의 내재적인 대화구조(implicit dialogue structure)로 파악하는 의사소통적 상호작용 모델의 관점에서 훨씬 극명하게 드러날 수 있다.

---

[33] 제3장 논술텍스트로의 변환의 이론적인 배경은 원진숙(1995a)을 기초로 하고 있다.

2. 의사소통적 상호작용 모델

　의사소통적 상호작용 모델에서는 논술 텍스트를 기본적으로 필자와 견해를 달리하는 독자와의 내재적인 대화구조로 파악한다.
　논증(argumentation)의 과정을 문제-해결의 인지 과정으로 본다. 즉 현재 처해 있는 바람직하지 못한 초기 상태(initial state)로부터 자신이 의도하는 바람직한 상태(final, desirable state)로 나아가는 과정으로 보는 것이다. 바람직하지 못한 초기 상태가 '문제(problem)' 국면이라면 바람직한 목표 상태는 사태의 '해결(solution)' 국면이다. 텍스트는 여러 개의 소텍스트들의 부분들로 이루어져 있는 계층적 구조로 볼 수 있으며, 이 각각의 부분들은 마지막으로 해결 방안을 찾기 위해 유기적으로 상호작용을 한다.
　이러한 정의에 의하면 논술 텍스트의 초기 상태는 텍스트 생산자와 다른 의견을 지닌 독자와의 대립적 구도를 특징적으로 하는 문제 국면이라고 볼 수 있다. 텍스트 생산자는 자기와 다른 견해를 가지고 있는 독자를 설득시켜 자기의 의견에 동조하게 만드는 것을 목표(goal)로 삼아 현재의 바람직하지 못한 상태를 진술하고, 이러한 문제를 극복할 수 있는 바람직한 방향을 주장하고, 그 주장을 정당화하는 일련의 과정을 거쳐 자신이 의도하는 바람직한 방향인 목표 상태로 나아가는 경로를 모색하게 된다.

(1) 문제-해결 분석 방법

문제-해결 분석 방법은 논술 텍스트의 전체적인 초구조(superstructure)를 기술하기 위한 것이다. 이 방법은 전체 텍스트의 구조를 문제상황(situation), 문제(problem), 해결(solution), 평가(evaluation) 등의 구조적 단위들로 구성된 소텍스트들이 서로 상호작용하면서 관계를 맺는 연속체로서 기술할 수 있게 된다.

말을 바꾸면, 일방적인 독백 형식으로 된 텍스트가 '배경적 상황은 어떠한가?(What is the situation?)', '무엇이 문제인가?(What is the problem?)', '해결 방안은 무엇인가?(What is your solution?)', '해결 방안에 대한 당신의 평가는 어떠한가?(What is your evaluation of the solution)'와 같은 가상의 독자에 의해 던져지는 내재적인 질문들에 대한 응답구조로 이루어져 있음을 주장한다.

(2) 언표내적·상호작용적 분석 방법

언표내적·상호작용적 분석 방법(illocutionary & interactional analysis)은 화행이론에 기초하여 텍스트를 단순한 문장들의 연속체가 아니라 언표내적 행위(illocutionary acts)[34]와 상호작용적 역할(interactional role)이라는 이

---

34) 화행이론을 처음 주창한 Austin(1975)의 *How to do things with words*에서 발화를 크게 발화행위(locutionary act), 언표내적 행위(illocutionary act), 언향적 행위(perlocutionary act)로 구분하고 있다. <u>발화행위</u>가 단순하게 어떤 뜻이나 지시를 가진 문장을 상대방에게 의도적으로 말할 때를 지칭하

원적인 가치가 부여된 의사소통적 행위(communicative acts)의 연속체로 본다. 이때 언표내적 행위가 특정 사건이나 사태와 관련된 필자의 의도, 신념, 기분, 태도, 견해 등이 표상된 것이라면 의사소통적 행위의 상호작용적 역할은 다른 의사소통적 행위와의 관계적 맥락에서 결정되는 것이라 할 수 있다.

1) 논술 텍스트의 언표내적 행위

언표내적 행위를 크게 단언적 화행(representatives), 지시적 화행(directives), 위임적 화행(commisives), 표현적 화행(expressives), 선언적 화행(declaratives)의 5가지 유형으로 분류하였다. 이 각각의 유형별 특성을 살펴보면 대략 다음과 같다. 단언적 화행이란 표현된 명제의 참·거짓 여부를 화자가 책임지는 것을 말한다. 또한 지시적 화행은 청자가 어떤 일을 하도록 만들려는 화자의 시도이며, 위임적 화행은 화자가 미래의 어떤 행동의 수행을 책임지게 하는 화행을 말한다. 아울러 표현적 화행은 화자의 심리적 태도를 표현·전달하는 화행을 의미하며, 선언적 화행이란 표현된 내용을 통해 어떤 상태를 야기시키는 것으로 정의·명명적 기능 등이 이에

는 것이라면, <u>언표내적 행위</u>는 화자의 신념, 의도, 바램, 기분 등의 태도가 개재되어 무언가를 말함으로써 통보, 명령, 경고, 약속, 사과 등의 어떤 부수적인 효과를 얻으려는 의도가 있는 발화행위다. 또한 <u>언향적 행위</u>는 언표내적 행위의 결과인데, 그 발화행위가 상대방에게 어떤 영향을 미쳐서 행동이나 사고, 신념 등을 불러 일으키는 효과가 있을 경우를 말한다.(英語學辭典, 'speech act')

해당한다.

한편, 단언적 화행은 진술(statement), 주장(assertion), 보고된 주장(reported assertion) 등의 범주로 하위 분류하였다. 이때 필자가 사실이라고 믿고 그 표현된 명제가 독자에게도 당연한 것으로 받아들여지리라고 믿는 것이 진술이라면, 주장은 필자는 사실이라고 믿지만 독자에게는 당연한 것으로 여겨지지 않는 것을 말한다. 또 보고된 주장이란 필자가 누군가의 주장을 기록, 인용함으로써 자신의 강한 표현을 회피할 수 있게 하는 것이다.

일반적으로 설명적, 기술적, 서사적 텍스트 등의 유형들이 주로 진술이라는 언표내적 행위에 의존하는 데 비하여 논술 텍스트는 주장하고(assertives), 지시하는(directives) 언표내적 행위에 의존하는 장르적 특성을 강하게 나타낸다. 독자와의 합의가 이루어지지 않은 상태인 문제 부분에서는 필자는 사실이라고 믿지만, 독자에게는 아직 당연한 것으로 여겨지지 않는 주장(assertives)이 주된 언표내적 행위로 기능한다. 이때 필자는 보통 주장을 합리화하기 위해 진술 등의 언표내적 행위를 수반하기도 한다. 필자는 이러한 주장과 합리화에 기초한 논증 과정을 거쳐 바람직한 목표 상태를 지향하는 '해결' 국면으로 나아가는데, 대체로 이 상태에서는 독자의 변화를 촉구하는 권고나 제안 등의 지시적 화행(directives)이 주류를 이루게 된다.

2) 논술 텍스트의 상호작용적 기능

의사소통적 행위(communicative acts)와 상호작용적 역할(interactional roles)은 다른 의사소통적 행위와의 관계를 통해서 결정되고, 이는 전적으로 텍스트 수용자의 해석에 의해 결정된다.

의사소통적 행위의 상호작용적 역할을 결정짓는 수단으로써 가상의 독자를 상정하여 그의 질문에 답하는 형식의 대화적 접근방식과 이를 확인하는 접속어[35], 동사(시제, 양상[36]포함) 등의 언어적 표지를 사용하였다. 이것은 의사소통적 행위의 상호작용적 역할을 한 관점에서 대등과 종속의 계층적 관계로 다음과 같이 나타난다.

(1) 대등적 서술어
  1) 반응(response) : 상황, 문제, 해결, 평가
  2) 수집(collection) : 첨가(addition)
(2) 종속적 서술어
  1) 증거(evidence) : 정당화(justification)와 결론(conclusion)
  2) 설명(explanation) : 설명(explanation)과 결론
  3) 상술(specificity) : 정교화(elaboration)와 일반화(enlargement)
  4) 대등(equivalence) : 부연(reformulation)

---

35) 이를 구체적으로 보이면 다음과 같다. '그러나, 그렇지만'(문제), '그래서, 그러므로'(해결), '그러므로, 반대로'(평가), '왜냐하면'(정당화, 설명), '결론적으로, 요약하면'(결론), '더 자세히 말하면, 예를 들면, 먼저'(정교화), '다시 말해서, 즉'(부연), '더구나, 뿐만 아니라, 게다가'(첨가)
36) 양상(mood) : 문장의 내용에 대한, 말하는 사람의 심적 태도를 나타내는 동사의 어형 변화. 의문법, 청유법 등.

이와 같은 의사소통적 행위의 상호작용적 역할에 기초하여 텍스트의 구조를 기술하는 방법론은 전체 텍스트를 이루는 '의사소통적 행위'의 계층적이고 기능적인 관계에 통찰력을 제공해 준다는 점에서 의의가 있다.

3. 텍스트의 재구성

이제까지 논술 텍스트의 구조적 특징을 기술·해명하기 위한 방법론으로서 '의사소통적 상호작용 모델'의 토대를 이루는 '문제-해결 분석 방법(problem-solution analysis)'과 '언표내적·상호작용적 분석 방법(illocutionary & interactive analysis)'을 살펴보았다. 이제 이들 방법론을 이용하여 제시된 판결문을 논술 텍스트의 특성에 기초하여 변환해 보도록 하겠다.

텍스트1의 대화구조
<W: 필자에 의해 표현된 텍스트 표면의 내용, R: 가상의 독자에 의해 던져지는 질문 내용>
[W: Writer(필자), R: Reader(독자)]

문 장	대화구조	I&I 기술		P.S. 구조
		상호작용 역할	언표내적 가치	
S2: 무엇보다도 헌법을 최상위 규범으로 하는 우리의 전체 법질서는 많은 변화를 가져왔다.	W: S2	상황	진술	상황
S3: 개인의 존엄성과 양성평등을 기초로 한 가족생활을 보장하고, 가족 내의 실질적인 권리와 의무에 있어 남녀의 차별을 두지 않고 있다.	(R: 이런 상황을 다르게 설명하시오.) W: S3-5	설명	진술	
S4: 또한, 정치·경제·사회·문화 등 모든 영역에서 여성에 대한 차별을 없애고, 남녀 평등을 실현하는 방향으로 변화되어 왔다.				
S5: 앞으로 이러한 남녀평등의 원칙은 강화될 것이다.				
S1: 종원(종회의 회원, 이하:종원)의 자격을 남자로만 제한하는 이제까지의 관습에 대하여 우리 사회 구성원들이 가지고 있던 법적 확신은 상당 부분 흔들리거나 약화되어 왔다.	(R: 이런 상황에 대한 예가 무엇입니까?) W: S1	예시	진술	문제
S6: 종중은 공동선조의 묘를 지키고 보호하며 제사를 받들어 모시고, 또한 종원 서로 간의 친목을 목적으로 형성되는 단체이다.	(R: 보다 구체적으로 설명하시오.) W: S6-7	정교화	진술	
S7: 공동선조의 사망과 동시에 그 후손에 의하여 자연발생적으로 성립하는 것이다.				
S8: 이제까지의 관습은 공동선조의 후손 중 성년 남자만을 종중의 구성원으로 한다.	(R: 그런데 무엇이 문제입니까?) W: S8 (R: 문제를 구체적으로 설명하시오.) W: S9	문제	주장	
S9: 이것은 여러 종중의 활동에 참여할 기회가 출생시의 성별만에 의하여 결정되는 것이다.				
S10: 이제까지의 관습은 위와 같이 변화된 우리의 전체 법질서에 맞지 않고, 정당성	(R: 결론을 제시해 보시오.)	결론	지시	해결

문 장	대화구조	I&I 기술		P.S. 구조
		상호작용 역할	언표내적 가치	
과 합리성이 없다. S11: 종중 구성원의 자격을 성년 남자만으로 이제까지의 관습은 이제 더 이상 효력을 가질 수 없게 되었다.	W: S10-11			

텍스트2의 대화구조

문 장	대화구조	I&I 기술		P.S. 구조
		상호작용 역할	언표내적 가치	
S1: 종중 구성원의 자격에 관한 대법원 견해의 변경은 관습상의 제도로서 대법원판례에 의하여 법률관계가 규율되어 왔던 종중제도의 바탕을 바꾸는 것이다. S2: 대법원이 이 판결에서 종중 구성원의 자격에 관하여 위와 같이 견해를 변경하는 것은 우리 사회의 일반적인 인식이 변했기 때문이다. S3: 아울러, 전체 법질서의 변화로 인하여 성년 남자만을 종중의 구성원으로 하는 이제까지의 관습법은 더 이상 우리 법질서가 지향하는 남녀평등의 이념에 맞지 않는다. S4: 그 법적 효력이 없기 때문이다.	(R: 이러한 것에 대한 당신의 평가는 무엇입니까?) W: S1 (R: 좀더 자세히 설명하시오) W: S2-4	상황 정당화	진술 진술	상황
S5: 위와 같이 변경된 견해를 소급하여 적용한다면, 최근에 이르기까지 대법원판례를 신뢰하여 형성된 수많은 법률관계의 효력에 한꺼번에 영향을 미치는 것이다. S6: 이는 법적 안정과 신의·성실의 원칙에 기초한 당사자의 신뢰보호를 내용으	(R: 그런데 무엇이 문제입니까?) W: S5 (R: 문제를 구체적으로 설명하시오.)	부정적 평가 정교화	주장 진술	문제

문 장	대화구조	I&I 기술		P.S. 구조
		상호작용 역할	언표내적 가치	
로 하는 법치주의의 원리에도 어긋나는 것이다. S7: 그러므로 위와 같이 변경된 대법원의 견해는 이 판결 선고 이후의 종중 구성원의 자격과 이와 관련하여 새로이 성립되는 법률관계에 대하여만 적용되는 것이 옳다.	W: S6 (R: 그러면 당신의 평가는 무엇입니까?) W: S7	평가	주장	문제
S8: 다만, 대법원이 위와 같이 종종 구성원의 자격에 관한 이제까지의 견해를 변경하는 것은 관습법의 효력을 배제하여 이번 사건을 재판하도록 하려는 데에 그 뜻이 있다.	(R: 이 사건에 대한 당신의 평가는 무엇입니까?) W: S8	해결	주장	
S9: 이 사건은 원고들이 자신들의 권리를 찾기 위하여 이제까지 관습법의 효력에 반대 의견을 낸 것이다. S10: 이 사건은 원고 자신들이 피고 종원 자격이 있음을 주장하고 있는 것이다.	(R: 좀더 구체적으로 설명하시오.) W: S9-10	정교화	진술	
S11: 이 사건에 대하여 변경된 견해가 적용되지 않는다면, 이는 구체적인 사건에 있어서 당사자의 권리구제를 목적으로 하는 사법작용의 본바탕에 어긋난다. S12: 또한 뚜렷이 정의에 어긋나는 것이다.	(R: 문제는 무엇입니까?) W: S11-12	문제	주장	
S13: 이러한 이유로, 원고들이 피고 종원 지위를 인정받고자 하는 이 사건 청구에 한하여는 위와 같이 변경된 견해가 소급 적용되어야 할 것이다.	(R: 결론을 제시해 보시오.) W: S13	결론	지시	해결

제시된 판결문 텍스트를 위와 같은 논술 텍스트의 특성을 고려하여 전체 문장을 재구성해 보았다.

<판결문 1 텍스트>

　무엇보다도 헌법을 최상위 규범으로 하는 우리의 전체 법질서는 많은 변화를 가져 왔다. 우선, 개인의 존엄성과 양성평등을 기초로 한 가족 생활을 보장하고, 가족 내의 실질적인 권리와 의무에 있어 남녀의 차별을 두지 않고 있다. 또한, 정치・경제・사회・문화 등 모든 영역에서 여성에 대한 차별을 없애고, 남녀평등을 실현하는 방향으로 변화되어 왔다. 앞으로도 이러한 남녀평등의 원칙은 강화될 것이다.

　이러한 흐름에 따라, 종원(종회의 회원, 이하 : 종원)의 자격을 성년 남자로만 제한하는 이제까지의 관습에 대하여 우리 사회 구성원들이 가지고 있던 법적 확신은 상당 부분 흔들리거나 약화되어 왔다. 더 자세히 말하면, 종중은 공동선조의 묘를 지키고 보호하며 제사를 받들어 모시고, 또한 종원 서로 간의 친목을 목적으로 형성되는 종족단체이다. 그리고 공동선조의 사망과 동시에 그 후손에 의하여 자연발생적으로 성립하는 것이다. 그럼에도 불구하고, 이제까지의 관습은 공동선조의 후손 중 성년 남자만을 종중의 구성원으로 한다. 이것은 여러 종중의 활동에 참여할 기회가 출생시의 성별만에 의하여 결정되는 것이다.

　결론적으로, 종중 구성원의 자격을 성년 남자만으로 제한하는 이제까지의 관습법은 위와 같이 변화된 우리의 전체 법질서에 맞지 않고, 정당성과 합리성이 없다. 그러므로, 이제 더 이상 효력을 가질 수 없게 되었다.

<판결문 2 텍스트>

　종중 구성원의 자격에 관한 대법원 견해의 변경은 관습상의 제도로서 대법원판례에 의하여 법률관계가 규율되어 왔던 종중제도의 바탕을 바꾸는 것이다. 대법원의 이 판결은 종중 구성원에 대한 우리 사회의 일반적인 인식과 전체 법질서의 변화로 인한 이제까지의 관습법이 더 이상 우리 법질서가 지향하는 남녀평등의 이념에 맞지 않음으로써, 그 법적효력이 없음을 반영하는 것이다.
　그렇지만, 위와 같이 변경된 견해를 소급하여 적용한다면, 최근에 이르기까지 대법원판례를 신뢰하여 형성된 수많은 법률관계의 효력에 한꺼번에 영향을 미치는 것이다. 이는 법적 안정성과 신의·성실의 원칙에 기초한 당사자의 신뢰보호를 내용으로 하는 법치주의의 원리에도 어긋나는 것이다. 그러므로 위와 같이 변경된 대법원의 견해는 이 판결 선고 이후의 종중 구성원의 자격과 이와 관련하여 새로이 성립되는 법률관계만 적용되는 것이 옳다.
　다만, 대법원이 이제까지의 견해를 변경하는 것은 관습법의 효력을 배제하여 이번 사건을 재판하도록 하려는 데에 그 뜻이 있다. 이 사건은 원고들이 자신들의 권리를 찾기 위하여 관습법의 효력에 반대 의견을 내어, 피고 종원 자격이 있음을 주장하고 있는 것이다. 그럼에도, 이 사건에 대하여 변경된 견해가 적용되지 않는다면, 이는 구체적인 사건에 있어서 당사자의 권리구제를 목적으로 하는 사법작용의 본바탕에 어긋난다. 또한 뚜렷이 정의에도 어긋나는 것이다.

이러한 이유로, 원고들이 피고 종원 지위를 인정받고자 하는 이 사건 청구에 한하여는 위와 같이 변경된 견해가 소급 적용되어야 할 것이다.

Ⅲ. 결론

지금까지 살펴본 바에 의하면 제시된 판결문의 문장은 정확한 국어, 정상적인 국어로 표현된 문장이라고 보기가 어려웠다. 글은 여러 성분들이 모여서 이루어지는 조직체이다. 그 조직을 이루는 성분들로는 크게 단어, 문장, 단락 등이 있다. 이것들은 각각 아무 관계도 없이 따로따로 흩어져 있는 것이 아니고, 내용적으로 유기적인 관련을 맺고 있다. 단어들이 밀접하게 결합하여 문장이 된다. 그러나 단어나 문장 차원에서는 한 편의 글이 성립될 수 없다. 한편의 글은 단락의 차원에서 성립된다. 그것은 단락이 하나의 '중심되는 생각'을 드러내고 있기 때문이다. 결국, 단락이란 그 자체 안에 중심 생각이 있고, 그것을 드러내는 문장들이 모여서 이루는 한 토막의 글이다.

이러한 특성에 따라, 좋은 글을 쓰기 위해서는 우선 어휘력이 풍부해야 하고, 적합한 어휘를 고르는데 심사숙고해야 한다. 그리고, 문장은 문장성분들이 모두 갖추어진 문법적인 문장이어야 되고, 이러한 문장들이 서로 유기적인 관계를 맺을 때, 좋은 글이라 할 수 있을 것이다.

 본 논문은 이러한 전체 텍스트를 구성하는 요소들이 부분과 전체의 관계 속에서 어떻게 상호 작용하며 유기적인 관련을 맺고 있는가를 변환의 과정을 수행함으로써, 국어 교육에서 문장지도를 효과적으로 하기 위한 과정을 제시하였다.

<부 록>

<판 결 문>

대법원 2005. 7. 21. 선고 전원합의체 판결 요지

민   사

2002다1178   종회회원확인   (마)   파기환송

◇종중 구성원의 자격을 성년 남자로 제한하는 종래 관습법의 효력 등◇

1. 종원의 자격을 성년 남자로만 제한하고 여성에게는 종원의 자격을 부여하지 않는 종래 관습에 대하여 우리 사회 구성원들이 가지고 있던 법적 확신은 상당 부분 흔들리거나 약화되어 있고, 무엇보다도 헌법을 최상위 규범으로 하는 우리의 전체 법질서는 개인의 존엄과 양성의 평등을 기초로 한 가족생활을 보장하고, 가족 내의 실질적인 권리와 의무에 있어서 남녀의 차별을 두지 아니하며, 정치·경제·사회·문화 등 모든 영역에서 여성에 대한 차별을 철폐하고 남녀평등을 실현하는 방향으로 변화되어 왔으며, 앞으로도 이러한 남녀평등의 원칙은 더욱 강화될 것인바, 종중은 공동선조의 분묘수호와 봉제사 및 종원 상호간의 친목을 목적으로 형성되

는 종족단체로서 공동선조의 사망과 동시에 그 후손에 의하여 자연발생적으로 성립하는 것임에도, 공동선조의 후손 중 성년 남자만을 종중의 구성원으로 하고 여성은 종중의 구성원이 될 수 없다는 종래의 관습은, 공동선조의 분묘수호와 봉제사 등 종중의 활동에 참여할 기회를 출생에서 비롯되는 성별만에 의하여 생래적으로 부여하거나 원천적으로 박탈하는 것으로서, 위와 같이 변화된 우리의 전체 법질서에 부합하지 아니하여 정당성과 합리성이 있다고 할 수 없다. 따라서 종중 구성원의 자격을 성년 남자만으로 제한하는 종래의 관습법은 이제 더 이상 법적 효력을 가질 수 없게 되었다고 할 것이다.

2. 종중 구성원의 자격에 관한 대법원의 견해의 변경은 관습상의 제도로서 대법원판례에 의하여 법률관계가 규율되어 왔던 종중제도의 근간을 바꾸는 것인바, 대법원이 이 판결에서 종중 구성원의 자격에 관하여 위와 같이 견해를 변경하는 것은 그동안 종중 구성원에 대한 우리 사회일반의 인식 변화와 아울러 전체 법질서의 변화로 인하여 성년 남자만을 종중의 구성원으로 하는 종래의 관습법이 더 이상 우리 법질서가 지향하는 남녀평등의 이념에 부합하지 않게 됨으로써 그 법적 효력을 부정하게 된 데에 따른 것일 뿐만 아니라, 위와 같이 변경된 견해를 소급하여 적용한다면, 최근에 이르기까지 수십 년 동안 유지되어 왔던 종래 대법원판례를 신뢰하여 형성된 수많은 법률관계의 효력을 일시에 좌우하게 되고, 이는 법적 안정성과 신의성실의 원칙에 기초한 당사자의 신뢰보호를 내용으로 하는

법치주의의 원리에도 반하게 되는 것이므로, 위와 같이 변경된 대법원의 견해는 이 판결 선고 이후의 종중 구성원의 자격과 이와 관련하여 새로이 성립되는 법률관계에 대하여만 적용된다고 함이 상당하다. 다만, 대법원이 위와 같이 종중 구성원의 자격에 관한 종래의 견해를 변경하는 것은 결국 종래 관습법의 효력을 배제하여 당해 사건을 재판하도록 하려는 데에 그 취지가 있고, 원고들이 자신들의 권리를 구제받기 위하여 종래 관습법의 효력을 다투면서 자신들이 피고 종회의 회원(종원) 자격이 있음을 주장하고 있는 이 사건에 대하여도 위와 같이 변경된 견해가 적용되지 않는다면, 이는 구체적인 사건에 있어서 당사자의 권리구제를 목적으로 하는 사법작용의 본질에 어긋날 뿐만 아니라 현저히 정의에 반하게 되므로, 원고들이 피고 종회의 회원(종원) 지위의 확인을 구하는 이 사건 청구에 한하여는 위와 같이 변경된 견해가 소급하여 적용되어야 할 것이다(대법관 6인의 별개의견 있음).

2002다13850 종중회원확인등 (바) 파기환송

동일 취지

참고문헌

고영근·남기심(2005), 『표준국어문법론』, 탑출판사.

高永根(1991), "언어의 문자화와 관련된 문제", 『국어의 이해와 인식』(갈음김석득 교수 회갑기념논문집), 한국문화사.

고영근(1993), 『우리말의 총체서술과 문법체계』, 一志社.

국립국어연구원, 표준국어대사전 http://www.korean.go.kr/

국립국어연구원(2001), 『법조문의 문장 실태 조사』.

金敏洙(1973), 『국어정책론』, 고려대학교 출판부.

김민수(1995), 『新國語學(全訂版)』, 一潮閣.

김광해(2000), "우리나라 판결문의 텍스트성에 대한 연구", 「텍스트언어학」, 8, 한국텍스트언어학회.

김광해(2004), "법조계의 글쓰기에 대한 진단과 대책", 「국어교육」Vol.115, 한국어교육학회.

김문오(2002), 『법령문의 국어학적 검토-법무부 검토 의뢰 법령을 중심으로-』, 국립국어연구원.

김문창(1994), "정서법 연구 서설", 「인하어문연구」, 1, 인하대학교 국어국문학과.

김봉군(1994), 『문장기술론』, 삼영사.

김상태(2005a), 『정보화시대 글쓰기』, 學古房.

김상태(2005b), "판결문 텍스트의 변환을 통한 문장 지도", 「語文論叢」19, 東西語文學會.

김상태(2006a). "국어의 띄어쓰기 오류 분석", 「중원언어학회 봄학술대회 발표

논문집」.
김상태(2006b). "대학생들의 어휘 사용 연구", 「새국어교육」 73, 한국국어교육학회.
김상태(2006c), "음운적 단어 설정에 대한 연구", 「한국어학」 32, 한국어학회.
김상태(2007), "논술텍스트의 오류 분석", 「語文論叢」 21, 東西語文學會.
김상태(2008), "논술텍스트의 단락 오류 분석", 「語文論叢」 22, 東西語文學會.
김선호(2002), "대전 소재 대학생들의 한글맞춤법·표준어 규정에 대한 인지 실태 연구", 「語文硏究」 39, 語文硏究學會.
김성규(1999), "빠른 발화에서 음절 수 줄이기", 「애산학보」 23, 애산학회.
김성규(2001), "음성 언어 층위와 문자 언어 층위의 위상에 대한 연구", 「언어학」 제30호, 한국언어학회.
김영욱(1996), "오류 분석과 교정 중심의 글쓰기 교육", 「建陽論叢」 4, 建陽大學校
김혜영(2005), 『논술지도론』, 경남대학교 출판부.
김희숙(1986), "국어 텍스트의 몇 가지 意味分析", 「語文論叢」 5, 청주대학교 국어국문학과.
네이버 법률용어검색 http://lawyer.naver.com/datacenter/dic/index.asp
노대규(1996), 『한국어의 입말과 글말』, 국학자료원.
문덕수(1992), 『개고 신문장 강화』, 성문각.
민현식(1999), 『국어 정서법 연구』, 태학사.
박경래(2003), "충청북도 방언의 연구와 특징", 『한국어학』 21, 한국어학회.
박승도(1991), "한글맞춤법의 오류경향에 대한 지도 방법 구안, 적용을 통한 문장 표기 능력 신장", 「새국어교육」 47, 한국국어교육학회.
박종덕(2005), 『국어 논술 교육론』, 박이정.
서정수(1993), 『문장력 향상의 길잡이』, 한강문화사.
성시형(1997), "단락의 종류", 「牧園語文學」 13, 목원대학교 국어교육과.

宋喆儀(1993), "준말에 대한 形態·音韻論的 考察",「東洋學」23, 檀國大學校.
申智姸(2006), "論證텍스트의 段落間 의미구조",「텍스트언어학」21, 한국텍스트언어학회.
신지영(2004), "음성코퍼스를 활용한 국어 연구",「한국어학」23, 한국어학회.
신지영·차재은(2003),『우리말 소리의 체계』, 한국문화사.
申昌淳(1992),『國語 正書法 硏究』, 集文堂.
안배근(2002), "사이시옷의 表記 變遷",「국어문학」37, 국어문학회.
安田吉實·孫洛範 共編(1991),『日韓辭典』, 民衆書林.
양명희(2000), "띄어쓰기의 원리와 현실",「冠嶽語文硏究」25, 서울대학교 국어국문학과.
원진숙(1995a), "논술 텍스트의 구조적 특성 연구",「국어교육」87, 한국어교육학회.
원진숙(1995b),『논술 교육론』, 박이정.
李基文(1963),『國語表記法의 歷史的硏究』, 韓國硏究院.
이동석(2006), "뉴스 자막의 오류 연구",「제38차 한국어학회 전국학술대회 발표문」, 한국어학회.
이병규(2004), "국어교과서 문장의 오류 연구",「한국어의미학」14, 한국어의미학회.
이병모(2007), "글짓기 단락과 논술 글짓기 단락-단락 논술글 출제와 답안 만들기를 위한 관견(管見)-",「배달말교육」28, 배달말교육학회.
李翊燮(1992),『國語表記法硏究』, 서울大學校 出版部.
李翊燮(1998),『국어사랑은 나라사랑』, 문학사상사.
이익섭(2002), "띄어쓰기의 현황과 전망",「새국어생활」제12권 1호, 국립국어연구원.
이재현(2005), "현대 국어의 축소어형에 관한 연구-축소어형과 준말의 정의, 축소어형의 조어법을 중심으로", 「한민족문화연구」 17, 한민족문화학회.
이호영(1996), 『국어음성학』, 태학사.
임동훈(2002), "띄어쓰기의 현황과 과제", 「冠嶽語文硏究」 27, 서울대학교 국어국문학과.
張素嬡(1983), "國語句讀點文法 硏究序說", 「冠嶽語文硏究」 8, 서울대학교 국어국문학과.
정기철(2001), 『논술교육과 토론』, 역락출판사.
정길남(2003), 『국어 오류 분석』, 한국문화사.
정재도(1995), "생활 속에 남은 일본말", 「새국어생활」 제5권 2호, 국립국어연구원.
정희모(2004), "MIT 대학 글쓰기 교육 시스템에 관한 연구", 「독서연구」 11, 한국독서학회.
정희창(2002), "틀리기 쉬운 띄어쓰기", 「새국어생활」 제12권 1호, 국립국어연구원.
조성식(1990), 『英語學辭典』, 新雅社.
조영돈(2006), 『논술문 생산의 텍스트 언어학적 책략』, 태학사.
청주대학교 교양국어 편찬위원회(2007), 『대학인의 글쓰기』, 청주대학교 출판부.
최용기(2003), 『국어 순화 자료집 합본』, 국립국어연구원.
최웅환(2000), 『국어 문장의 형성 원리 연구』, 도서출판 역락.
최호철(2004), "남북 띄어쓰기 규범의 통일에 대하여", 「한국어학」 25, 한국어학회.
한영목(2004), 『우리말 문법의 양상』, 亦樂.

찾아보기

ㄱ

강조성 56
개요 25
객관성 24
격조사 70, 80, 91, 92, 101, 117
고유명사 126
과거시제선어말어미 72, 101
관형사절 128
관형사형 전성어미 128
관형어 69, 126
구체성 23

ㄴ

내재적인 대화구조 158
내포 65
논리성 24
논술 글짓기 단락 42
논술 텍스트 15, 39, 147
논증 32
느낌표 83

ㄷ

단락 41
단락 개요 29

단어 63, 115
단언적 화행 19
단위성 의존명사 129
대등 163
대등적 서술어 163
동사 139
동의반복 81
들여쓰기 41
띄어쓰기 115

ㅁ

마침표 84
명세화 50
목적어 67
문법적 오류 65
문법형태소 69
문장 63, 65
문장부호 84
문장성분 65
문장성분 간의 불호응 65
문제 27
문제-해결 분석 방법 160
물음표 84

ㅂ

반응 163
반점 85
발화행위 160
보고된 주장 19
보상적인 장음화 106
보조 단락 41
보조사 93, 120
복수 73
부사 140
부사격 조사 70, 74, 80, 118
부사어 69
부적절한 어휘 77
비단위성 의존명사 131
비문 65

ㅅ

사이시옷 98
상술 163
상향이중모음 106
상황 27
서술격 조사 119
서술어 65
선어말어미 122
선언적 화행 19
설명 163
성분부사 140
수식어 68
수집 163

쉼표 84
실질 형태소 107

ㅇ

양상 163
어말어미 122
어미 71, 122
어색한 표현 75
어휘 63, 89
언표내적 행위 161
언향적 행위 160
연결 어미 71, 72
연결성 54
연음규칙 108
열거 개요 29
예시 57
온점 84
위임적 화행 19
음운 현상 102
음절수 줄이기 110
의미적 잉여성 81
의사소통적 상호작용 모델 159
의존명사 83, 91, 129
일반 글짓기 단락 42
일반 단락 41
일반명사 126
일인칭 대명사 73

ㅈ

자립명사 126
자음탈락 111
작은따옴표 83, 86
접두사 123
접미사 73, 74, 80, 124
접사 123
접속 65
접속어 163
정당화 50
제시어 85
조사 69, 117
종결 어미 101
종속적 서술어 163
종적 구조 49
주격 조사 117
주어 65
주요단락 41
주장 19
주제 17
주제문 18
준말 90
줄임표 86
중화규칙 108
증거 163
지시적 화행 18, 20
진술 19

ㅊ

철자법 96
축약어 83

ㅋ

큰따옴표 84, 86

ㅌ

텍스트 158
토론 32
통일성 52
특수 단락 41

ㅍ

판결문 147
판결주문 147
평가 27
표현적 화행 19
피동 74
피수식어 68

ㅎ

해결 27
형식 형태소 107
형용사 140
화제 개요 29
횡적 구조 44

◇ 지은이 소개

• 김상태
  청주대학교 인문대학 국어국문학전공 전임강사

• 주요 저서
  『釋譜詳節』의 문체 연구(홍문각, 2001)
  정보화시대 글쓰기(學古房, 2005)
  컴퓨터 정보처리를 위한 생략언어의 현시(學古房, 2005)
     <2006년도 문화관광부 우수학술도서>

글쓰기의 오류 분석

초판 1쇄 인쇄 2008년 11월 10일
초판 1쇄 발행 2008년 11월 20일

지은이 | 김상태
펴낸이 | 하운근
펴낸곳 | 學古房

주   소 | 서울시 은평구 대조동 213-5 우편번호 122-843
전   화 | (02)353-9907 편집부(02)356-9903
팩   스 | (02)386-8308
전자우편 | hakgobang@chol.com
등록번호 | 제8-134호

ISBN 978-89-6071-095-5 03700

값 : 12,000원

※ 파본은 교환해 드립니다.